재판국
실무
가이드

김진욱 편저
권헌서, 김재복 감수

한국상교출판사

차 례

프롤로그 | 4

제1편 성경에 나오는 재판 · 송사 | 7

제2편 제101회 총회 재판국 운영원칙 | 26

제3편 재판업무의 실제-권징재판을 중심으로 | 38

제4편 총회재판절차 | 51

제5편 총회 재판국의 책벌 양정 기준 | 65

제6편 노회재판절차 | 75

제7편 총회 헌법위원회 해석 모음 | 117

제8편 교회 분쟁에 관한 최근 판례의 경향 | 133

부록   대법원 2006. 2. 10. 선고 2003다63104 판결
       [공동의회결의무효확인] | 154

프롤로그

"대한예수교장로회 통합교단 총회재판국은 세상의 빛과 소금의 역할을 감당하고 있는가?"

법률가는 타인의 인생에 개입하는 직업이다. 그것도 대체로 불행한 일에 관여한다. 법이 사람의 불행을 덜어주기는 어렵지만 더해 주기는 쉽다. 그래서 법률가는 운명적으로 세인의 존경과 감사보다는 원망과 비난의 표적이 되기 십상이다.

다른 권한에 비해 우리 총회재판국은 권한이 매우 강하다. 모든 권력은 남용될 소지가 있다.

권력은 검은돈의 유혹에 약하다. 400여 년 전 셰익스피어도 금전을 최고의 군인이라고 풍자한 적이 있다. 언제 어떤 상황에서도 절대로 패하지 않는 것이 돈이라는 것이다. 자본주의가 난숙하다 못해 부패한 현대사회에서 자본의 위력은 만악(萬惡)의 근원이 되기에 충분하다. 개인적 치부의 목적으로 권력을 휘두르는 공직자는 가장 비열한 범죄자다. 최근에 벌어지고 있는 세상법정의 일들을 살펴보자.

최고법원 자존심은 여지없이 구겨지고 있다. 얼마 전 한 모임에서 이 얘기가 나오더니 대법원 존재감으로 화두가 번졌다. "판결도 별로 기억 남는 게 없잖아요. 있어요?" 누군가 던진 질문에 아무도 답하지 못했다.

미국 연방대법원 판결을 물었다면 좀 달랐을 것이다. 피의자에 대한 묵비권·변호인 선임권 고지(告知) 의무를 규정한 '미란다 판결', 공립학교 흑인 차별은 불법이라는 '브라운 대 교육위원회 판결' 등을 떠올렸을 것이다. 피의자 권리, 인종 문제에 한 획을 그은 판결들이다.

대법관 수는 우리가 14명, 미국 9명이다. 그런데도 기억에 남는 판결을 찾기 어려운 건 우리 대법관들이 게을러서가 아니다. 미국 대법원이 한 해 처리하는 사건은 100건 안팎이다. 상고 허가제가 있어 사회적으로 중요하다고 여기는 것만 재판하니 관심이 쏠릴 수밖에 없다. 반면 우리는 교통위반부터 50만원 벌금 사건까지 대법관 책상에 쌓인다. 지난해 4만 건에 달했다. 이런 사건 홍수 속에서 사회적으로 의미 있는 판결을 하기란 쉽지 않다.

이를 바꿔 보자고 한 게 상고법원이다. 단순 사건은 상고법원이, 사회적 파장이 큰 사건은 대법원이 맡아 대법원의 정책 법원 기능을 살리자는 것이었다. 그런데 실패했으니 이젠 스스로 고백한 대로 붕괴 위기의 상고심을 짊어지고 가야 할 처지다.

문제는 이 상황을 대법원이 자초한 측면도 크다는 점이다. 상고심은 본래 하급심이 법을 제대로 적용했는지 따지는 법률심이다. 사실 관계를 다투는 사실심은 1, 2심 몫이다. 징역 10년 이상이 선고된 사건만 대법원이 사실심을 할 수 있지만 이런 사건은 많지 않다. 하지만 대법원은 증거 채택을 잘못했다는 채증 법칙 위반 등을 이유로 들어 사실상의 사실심을 숱하게 해왔다. 그러니 사실 판단이 바뀌길 기대하는 당사자들이 대법원으로 몰렸다.

대법원 입장에선 잘못된 판결을 바로 잡겠다는 뜻이 있을 것이다. 그러나 정책법원의 위상과 개별 사건에 대한 영향력을 모두 손에 쥐려는 욕심도 깔려 있다고 법조계 인사들은 지적한다. 물론 국민이 대법원 판결에 100% 만족한다면 그걸 뭐라 할 수도 없다. 하지만 부작용이 만만치 않다. 사건이 몰리면서 간단한 사건 처리도 몇 개월씩 걸리고 2년 넘게 처리되지 않은 미제 사건도 수 백건에 이른다. 당사자들의 불만과 피해가 커질 수밖에 없다.

  대법원이 사실심을 많이 한다고 존재감이 커지는 건 아니다. 미국은 1심만 사실심이고 2심부터 법률심이지만 법원에 대한 신뢰는 우리 보다 높다. 이젠 우리 대법원도 사실심 문제를 고민할 때가 됐다. 한 해 4만건씩 몰리는데 언제까지 사실심을 할 수 있겠는가. 아예 선을 긋기 어렵다면 최소화하려는 노력이라도 해야 한다. 하급심에 대한 국민 신뢰가 낮아 걱정이라면 그건 그것대로 시간을 갖고 풀어야 한다.

  이 모든 상황을 토대로 볼 때, 우리 총회재판국의 역할이 무엇인지 또한 어떤 방향으로 재판국을 운영해야 할지는 너무도 자명하다 하겠다.

  사실심은 당회와 노회를 비롯한 원심재판국에 일임하고, 이를 바탕으로 총회재판국은 하급심이 법률을 제대로 적용했는지의 여부를 다루는 법률심을 하면 되는 것이다.

  본서를 통해 총회 재판국 재판의 원활한 진행에 조금이나마 도움이 되길 기도한다.

2017년 1월

김진욱

제1편

성경에 나오는 재판·송사

구약성서

■ 출애굽기 18장 13절
이튿날 모세가 백성을 재판하느라고 앉아 있고 백성은 아침부터 저녁까지 모세 곁에 서 있는지라

■ 출애굽기 18장 16절
그들이 일이 있으면 내게로 오나니 내가 그 양쪽을 재판하여 하나님의 율례와 법도를 알게 하나이다

■ 출애굽기 18장 22절
그들이 때를 따라 백성을 재판하게 하라 큰 일은 모두 네게 가져갈 것이요 작은 일은 모두 그들이 스스로 재판할 것이니 그리하면 그들이 너와 함께 담당할 것인즉 일이 네게 쉬우리라

- 출애굽기 18장 26절

그들이 때를 따라 백성을 재판하되 어려운 일은 모세에게 가져오고 모든 작은 일은 스스로 재판하더라

- 출애굽기 21장 6절

상전이 그를 데리고 재판장에게로 갈 것이요 또 그를 문이나 문설주 앞으로 데리고 가서 그것에다가 송곳으로 그의 귀를 뚫을 것이라 그는 종신토록 그 상전을 섬기리라

- 출애굽기 21장 22절

사람이 서로 싸우다가 임신한 여인을 쳐서 낙태하게 하였으나 다른 해가 없으면 그 남편의 청구대로 반드시 벌금을 내되 재판장의 판결을 따라 낼 것이니라

- 출애굽기 22장 8-9, 28절

[8] 도둑이 잡히지 아니하면 그 집 주인이 재판장 앞에 가서 자기가 그 이웃의 물품에 손 댄 여부의 조사를 받을 것이며 [9] 어떤 잃은 물건 즉 소나 나귀나 양이나 의복이나 또는 다른 잃은 물건에 대하여 어떤 사람이 이르기를 이것이 그것이라 하면 양편이 재판장 앞에 나아갈 것이요 재판장이 죄 있다고 하는 자가 그 상대편에게 갑절을 배상할지니라
[28] 너는 재판장을 모독하지 말며 백성의 지도자를 저주하지 말지니라

- 출애굽기 23장 2-3, 6절

[2] 다수를 따라 악을 행하지 말며 송사에 다수를 따라 부당한 증언을 하지 말며 [3] 가난한 자의 송사라고 해서 편벽되이 두둔하지 말지니라
[6] 너는 가난한 자의 송사라고 정의를 굽게 하지 말며

- 레위기 19장 15, 35절

[15] 너희는 재판할 때에 불의를 행하지 말며 가난한 자의 편을 들지 말며

세력 있는 자라고 두둔하지 말고 공의로 사람을 재판할지며
³⁵ 너희는 재판할 때나 길이나 무게나 양을 잴 때 불의를 행하지 말고

■ 민수기 25장 5절
모세가 이스라엘 재판관들에게 이르되 너희는 각각 바알브올에게 가담한 사람들을 죽이라 하니라

■ 신명기 1장 16-17절
¹⁶ 내가 그 때에 너희의 재판장들에게 명하여 이르기를 너희가 너희의 형제 중에서 송사를 들을 때에 쌍방간에 공정히 판결할 것이며 그들 중에 있는 타국인에게도 그리 할 것이라 ¹⁷ 재판은 하나님께 속한 것인즉 너희는 재판할 때에 외모를 보지 말고 귀천을 차별 없이 듣고 사람의 낯을 두려워하지 말 것이며 스스로 결단하기 어려운 일이 있거든 내게로 돌리라 내가 들으리라 하였고

■ 신명기 16장 18-19절
¹⁸ 네 하나님 여호와께서 네게 주시는 각 성에서 네 지파를 따라 재판장들과 지도자들을 둘 것이요 그들은 공의로 백성을 재판할 것이니라 ¹⁹ 너는 재판을 굽게 하지 말며 사람을 외모로 보지 말며 또 뇌물을 받지 말라 뇌물은 지혜자의 눈을 어둡게 하고 의인의 말을 굽게 하느니라

■ 신명기 17장 9, 12절
⁹ 레위 사람 제사장과 당시 재판장에게 나아가서 물으라 그리하면 그들이 어떻게 판결할지를 내게 가르치리니
¹² 사람이 만일 무법하게 행하고 네 하나님 여호와 앞에 서서 섬기는 제사장이나 재판장에게 듣지 아니하거든 그 사람을 죽여 이스라엘 중에서 악을 제하여 버리라

■ 신명기 19장 17-18절

¹⁷ 그 논쟁하는 쌍방이 같이 하나님 앞에 나아가 그 당시의 제사장과 재판장 앞에 설 것이요 ¹⁸ 재판장은 자세히 조사하여 그 증인이 거짓 증거하여 그 형제를 거짓으로 모함한 것이 판명되면

■ 신명기 21장 2절

² 너희의 장로들과 재판장들은 나가서 그 피살된 곳의 사방에 있는 성읍의 원근을 잴 것이요

■ 신명기 24장 17절

¹⁷ 너는 객이나 고아의 송사를 억울하게 하지 말며 과부의 옷을 전당 잡지 말라

■ 신명기 25장 1-2절

¹ 사람들 사이에 시비가 생겨 재판을 청하면 재판장은 그들을 재판하여 의인은 의롭다 하고 악인은 정죄할 것이며 ² 악인에게 태형이 합당하면 재판장은 그를 엎드리게 하고 그 앞에서 그의 죄에 따라 수를 맞추어 때리게 하라

■ 신명기 27장 19절

객이나 고아나 과부의 송사를 억울하게 하는 자는 저주를 받을 것이라 할 것이요 모든 백성은 아멘 할지니라

■ 여호수아 8장 33절

온 이스라엘과 그 장로들과 관리들과 재판장들과 본토인뿐 아니라 이방인까지 여호와의 언약궤를 멘 레위 사람 제사장들 앞에서 궤의 좌우에 서되 절반은 그리심 산 앞에, 절반은 에발 산 앞에 섰으니 이는 전에 여호와의 종 모세가 이스라엘 백성에게 축복하라고 명령한 대로 함이라

■ 여호수아 20장 6절

그 살인자는 회중 앞에 서서 재판을 받기까지 또는 그 당시 대제사장이 죽기까지 그 성읍에 거주하다가 그 후에 그 살인자는 그 성읍 곧 자기가 도망하여 나온 자기 성읍 자기 집으로 돌아갈지니라 하라 하시니라

■ 여호수아 23장 2절

여호수아가 온 이스라엘 곧 그들의 장로들과 수령들과 재판장들과 관리들을 불러다가 그들에게 이르되 나는 나이가 많아 늙었도다

■ 여호수아 24장 1절

여호수아가 이스라엘 모든 지파를 세겜에 모으고 이스라엘 장로들과 그들의 수령들과 재판장들과 관리들을 부르매 그들이 하나님 앞에 나와 선지라

■ 사사기 4장 5절

그는 에브라임 산지 라마와 벧엘 사이 드보라의 종려나무 아래에 거주하였고 이스라엘 자손은 그에게 나아가 재판을 받더라

■ 사무엘상 24장 15절

그런즉 여호와께서 재판장이 되어 나와 왕 사이에 심판하사 나의 사정을 살펴 억울함을 풀어 주시고 나를 왕의 손에서 건지시기를 원하나이다 하니라

■ 사무엘하 15장 2-4, 6절

2 압살롬이 일찍이 일어나 성문 길 곁에 서서 어떤 사람이든지 송사가 있어 왕에게 재판을 청하러 올 때에 그 사람을 불러 이르되 너는 어느 성읍 사람이냐 하니 그 사람의 대답이 종은 이스라엘 아무 지파에 속하였나이다 하면 3 압살롬이 그에게 이르기를 보라 네 일이 옳고 바르다마는 네 송사를 들을 사람을 왕께서 세우지 아니하셨다 하고 4 또 압살롬이 이르기를 내가 이 땅에서 재판관이 되고 누구든지 송사나 재판할 일이 있어 내게로 오는 자에게 내가 정의 베풀기를 원하노라 하고

⁶ 이스라엘 무리 중에 왕께 재판을 청하러 오는 자들마다 압살롬의 행함이 이와 같아서 이스라엘 사람의 마음을 압살롬이 훔치니라

- 열왕기상 3장 9, 11절

⁹ 누가 주의 이 많은 백성을 재판할 수 있사오리이까 듣는 마음을 종에게 주사 주의 백성을 재판하여 선악을 분별하게 하옵소서
¹¹ 이에 하나님이 그에게 이르시되 네가 이것을 구하도다 자기를 위하여 장수하기를 구하지 아니하며 부도 구하지 아니하며 자기 원수의 생명을 멸하기도 구하지 아니하고 오직 송사를 듣고 분별하는 지혜를 구하였으니

- 열왕기상 7장 7절

또 심판하기 위하여 보좌의 주랑 곧 재판하는 주랑을 짓고 온 마루를 백향목으로 덮었고

- 역대상 23장 4절

그 중의 이만 사천 명은 여호와의 성전의 일을 보살피는 자요 육천 명은 관원과 재판관이요

- 역대상 26장 29절

이스할 자손 중에 그나냐와 그의 아들들은 성전 밖에서 이스라엘의 일을 다스리는 관원과 재판관이 되었고

- 역대하 1장 2, 10-11절

² 솔로몬이 온 이스라엘의 천부장들과 백부장들과 재판관들과 온 이스라엘의 방백들과 족장들에게 명령하여
¹⁰ 주는 이제 내게 지혜와 지식을 주사 이 백성 앞에서 출입하게 하옵소서 이렇게 많은 주의 백성을 누가 능히 재판하리이까 하니 ¹¹ 하나님이 솔로몬에게 이르시되 이런 마음이 네게 있어서 부나 재물이나 영광이나 원수의 생명 멸하기를 구하지 아니하며 장수도 구하지 아니하고 오직 내가 네게 다스리게

한 내 백성을 재판하기 위하여 지혜와 지식을 구하였으니

■ 역대하 19장 5-10절
⁵ 또 유다 온 나라의 견고한 성읍에 재판관을 세우되 성읍마다 있게 하고 ⁶ 재판관들에게 이르되 너희가 재판하는 것이 사람을 위하여 할 것인지 여호와를 위하여 할 것인지를 잘 살피라 너희가 재판할 때에 여호와께서 너희와 함께 하심이니라 ⁷ 그런즉 너희는 여호와를 두려워하는 마음으로 삼가 행하라 우리의 하나님 여호와께서는 불의함도 없으시고 치우침도 없으시고 뇌물을 받는 일도 없으시니라 하니라 ⁸ 여호사밧이 또 예루살렘에서 레위 사람들과 제사장들과 이스라엘 족장들 중에서 사람을 세워 여호와께 속한 일과 예루살렘 주민의 모든 송사를 재판하게 하고 ⁹ 그들에게 명령하여 이르되 너희는 진실과 성심을 다하여 여호와를 경외하라 ¹⁰ 어떤 성읍에 사는 너희 형제가 혹 피를 흘림이나 혹 율법이나 계명이나 율례나 규례로 말미암아 너희에게 와서 송사하거든 어떤 송사든지 그들에게 경고하여 여호와께 죄를 범하지 않게 하여 너희와 너희 형제에게 진노하심이 임하지 말게 하라 너희가 이렇게 행하면 죄가 없으리라

■ 에스라 7장 25절
에스라여 너는 네 손에 있는 네 하나님의 지혜를 따라 네 하나님의 율법을 아는 자를 법관과 재판관을 삼아 강 건너편 모든 백성을 재판하게 하고 그 중 알지 못하는 자는 너희가 가르치라

■ 에스라 10장 14절
이제 온 회중을 위하여 우리의 방백들을 세우고 우리 모든 성읍에 이방 여자에게 장가든 자는 다 기한에 각 고을의 장로들과 재판장과 함께 오게 하여 이 일로 인한 우리 하나님의 진노가 우리에게서 떠나게 하소서 하나

- 욥기 9장 24, 32절

24 세상이 악인의 손에 넘어갔고 재판관의 얼굴도 가려졌나니 그렇게 되게 한 이가 그가 아니시면 누구냐

32 하나님은 나처럼 사람이 아니신즉 내가 그에게 대답할 수 없으며 함께 들어가 재판을 할 수도 없고

- 욥기 11장 10절

하나님이 두루 다니시며 사람을 잡아 가두시고 재판을 여시면 누가 능히 막을소냐

- 욥기 12장 17절

모사를 벌거벗겨 끌어 가시며 재판장을 어리석은 자가 되게 하시며

- 욥기 14장 3절

이와 같은 자를 주께서 눈여겨 보시나이까 나를 주 앞으로 이끌어서 재판하시나이까

- 욥기 29장 16절

빈궁한 자의 아버지도 되며 내가 모르는 사람의 송사를 돌보아 주었으며

- 욥기 31장 11, 28절

11 그것은 참으로 음란한 일이니 재판에 회부할 죄악이요

28 그것도 재판에 회부할 죄악이니 내가 그리하였으면 위에 계신 하나님을 속이는 것이리라

- 시편 2편 10절

그런즉 군왕들아 너희는 지혜를 얻으며 세상의 재판관들아 너희는 교훈을 받을지어다

■ 시편 7편 11절
하나님은 의로우신 재판장이심이여 매일 분노하시는 하나님이시로다

■ 시편 9편 4절
주께서 나의 의와 송사를 변호하셨으며 보좌에 앉으사 의롭게 심판하셨나이다

■ 시편 35편 23절
나의 하나님, 나의 주여 떨치고 깨셔서 나를 공판하시며 나의 송사를 다스리소서

■ 시편 37편 33절
여호와는 그를 악인의 손에 버려 두지 아니하시고 재판 때에도 정죄하지 아니하시리로다

■ 시편 43편 1절
하나님이여 나를 판단하시되 경건하지 아니한 나라에 대하여 내 송사를 변호하시며 간사하고 불의한 자에게서 나를 건지소서

■ 시편 68편 5절
그의 거룩한 처소에 계신 하나님은 고아의 아버지시며 과부의 재판장이시라

■ 시편 72편 2절
그가 주의 백성을 공의로 재판하며 주의 가난한 자를 정의로 재판하리니

■ 시편 75편 7절
오직 재판장이신 하나님이 이를 낮추시고 저를 높이시느니라

■ 시편 82편 1절
[아삽의 시] 하나님은 신들의 모임 가운데에 서시며 하나님은 그들 가운데에서 재판하시느니라

■ 시편 94편 20절
율례를 빙자하고 재난을 꾸미는 악한 재판장이 어찌 주와 어울리리이까

■ 시편 141편 6절
그들의 재판관들이 바위 곁에 내려 던져졌도다 내 말이 달므로 무리가 들으리로다

■ 시편 148편 11절
세상의 왕들과 모든 백성들과 고관들과 땅의 모든 재판관들이며

■ 잠언 8장 16절
나로 말미암아 재상과 존귀한 자 곧 모든 의로운 재판관들이 다스리느니라

■ 잠언 16장 10절
하나님의 말씀이 왕의 입술에 있은즉 재판할 때에 그의 입이 그르치지 아니하리라

■ 잠언 17장 23절
악인은 사람의 품에서 뇌물을 받고 재판을 굽게 하느니라

■ 잠언 18장 5, 17절
5 악인을 두둔하는 것과 재판할 때에 의인을 억울하게 하는 것이 선하지 아니하니라
17 송사에서는 먼저 온 사람의 말이 바른 것 같으나 그의 상대자가 와서

밝히느니라

■ 잠언 24장 23절
이것도 지혜로운 자들의 말씀이라 재판할 때에 낯을 보아 주는 것이 옳지 못하니라

■ 잠언 31장 5, 8절
⁵ 술을 마시다가 법을 잊어버리고 모든 곤고한 자들의 송사를 굽게 할까 두려우니라
⁸ 너는 말 못하는 자와 모든 고독한 자의 송사를 위하여 입을 열지니라

■ 전도서 3장 16절
또 내가 해 아래에서 보건대 재판하는 곳 거기에도 악이 있고 정의를 행하는 곳 거기에도 악이 있도다

■ 이사야 1장 23-26절
²³ 네 고관들은 패역하여 도둑과 짝하며 다 뇌물을 사랑하며 예물을 구하며 고아를 위하여 신원하지 아니하며 과부의 송사를 수리하지 아니하는도다 ²⁴ 그러므로 주 만군의 여호와 이스라엘의 전능자가 말씀하시되 슬프다 내가 장차 내 대적에게 보응하여 내 마음을 편하게 하겠고 내 원수에게 보복하리라 ²⁵ 내가 또 내 손을 네게 돌려 네 찌꺼기를 잿물로 씻듯이 녹여 청결하게 하며 네 혼잡물을 다 제하여 버리고 ²⁶ 내가 네 재판관들을 처음과 같이, 네 모사들을 본래와 같이 회복할 것이라 그리한 후에야 네가 의의 성읍이라, 신실한 고을이라 불리리라 하셨나니

■ 이사야 3장 1-4절
¹ 보라 주 만군의 여호와께서 예루살렘과 유다가 의뢰하며 의지하는 것을 제하여 버리시되 곧 그가 의지하는 모든 양식과 그가 의지하는 모든 물과 ² 용사와 전사와 재판관과 선지자와 복술자와 장로와 ³ 오십부장과 귀인과 모사

와 정교한 장인과 능란한 요술자를 그리하실 것이며 4 그가 또 소년들을 그들의 고관으로 삼으시며 아이들이 그들을 다스리게 하시리니

■ 이사야 28장 6-7절
6 재판석에 앉은 자에게는 판결하는 영이 되시며 성문에서 싸움을 물리치는 자에게는 힘이 되시리로다 7 그리하여도 이들은 포도주로 말미암아 옆 걸음 치며 독주로 말미암아 비틀거리며 제사장과 선지자도 독주로 말미암아 옆 걸음 치며 포도주에 빠지며 독주로 말미암아 비틀거리며 환상을 잘못 풀며 재판할 때에 실수하나니

■ 이사야 29장 21절
그들은 송사로 사람에게 죄를 씌우며 성문에서 판단하는 자를 올무로 잡듯 하며 헛된 일로 의인을 억울하게 하느니라

■ 이사야 33장 22절
대저 여호와는 우리 재판장이시요 여호와는 우리에게 율법을 세우신 이요 여호와는 우리의 왕이시니 그가 우리를 구원하실 것임이라

■ 이사야 34장 8절
이것은 여호와께서 보복하시는 날이요 시온의 송사를 위하여 신원하시는 해라

■ 이사야 40장 27절
야곱아 어찌하여 네가 말하며 이스라엘아 네가 이르기를 내 길은 여호와께 숨겨졌으며 내 송사는 내 하나님에게서 벗어난다 하느냐

■ 이사야 41장 1절
섬들아 내 앞에 잠잠하라 민족들아 힘을 새롭게 하라 가까이 나아오라 그리고 말하라 우리가 서로 재판 자리에 가까이 나아가자

- 이사야 54장 17절

너를 치려고 제조된 모든 연장이 쓸모가 없을 것이라 일어나 너를 대적하여 송사하는 모든 혀는 네게 정죄를 당하리니 이는 여호와의 종들의 기업이요 이는 그들이 내게서 얻은 공의니라 여호와의 말씀이니라

- 예레미야 5장 28절

살지고 윤택하며 또 행위가 심히 악하여 자기 이익을 얻으려고 송사 곧 고아의 송사를 공정하게 하지 아니하며 빈민의 재판을 공정하게 판결하지 아니하니

- 예레미야 30장 13절

네 송사를 처리할 재판관이 없고 네 상처에는 약도 없고 처방도 없도다

- 예레미야 51장 36절

그러므로 여호와께서 이와 같이 말씀하시되 보라 내가 네 송사를 듣고 너를 위하여 보복하여 그의 바다를 말리며 그의 샘을 말리리니

- 예레미야애가 3장 35-36절

35 지존자의 얼굴 앞에서 사람의 재판을 굽게 하는 것과 36 사람의 송사를 억울하게 하는 것은 다 주께서 기쁘게 보시는 것이 아니로다

- 에스겔 23장 24절

그들이 무기와 병거와 수레와 크고 작은 방패를 이끌고 투구 쓴 군대를 거느리고 치러 와서 너를 에워싸리라 내가 재판을 그들에게 맡긴즉 그들이 그들의 법대로 너를 재판하리라

- 에스겔 24장 14절

나 여호와가 말하였은즉 그 일이 이루어질지라 내가 돌이키지도 아니하고 아끼지도 아니하며 뉘우치지도 아니하고 행하리니 그들이 네 모든 행위대로

너를 재판하리라 주 여호와의 말씀이니라

■ 에스겔 44장 24절

송사하는 일을 재판하되 내 규례대로 재판할 것이며 내 모든 정한 절기에는 내 법도와 율례를 지킬 것이며 또 내 안식일을 거룩하게 하며

■ 다니엘 3장 1-3절

¹ 느부갓네살 왕이 금으로 신상을 만들었으니 높이는 육십 규빗이요 너비는 여섯 규빗이라 그것을 바벨론 지방의 두라 평지에 세웠더라 ² 느부갓네살 왕이 사람을 보내어 총독과 수령과 행정관과 모사와 재무관과 재판관과 법률사와 각 지방 모든 관원을 느부갓네살 왕이 세운 신상의 낙성식에 참석하게 하매 ³ 이에 총독과 수령과 행정관과 모사와 재무관과 재판관과 법률사와 각 지방 모든 관원이 느부갓네살 왕이 세운 신상의 낙성식에 참석하여 느부갓네살 왕이 세운 신상 앞에 서니라

■ 다니엘 9장 12절

주께서 큰 재앙을 우리에게 내리사 우리와 및 우리를 재판하던 재판관을 쳐서 하신 말씀을 이루셨사오니 온 천하에 예루살렘에서 일어난 일 같은 것이 없나이다

■ 호세아 5장 11절

에브라임은 사람의 명령 뒤따르기를 좋아하므로 학대를 받고 재판의 압제를 받는도다

■ 호세아 7장 7절

그들이 다 화덕 같이 뜨거워져서 그 재판장들을 삼키며 그들의 왕들을 다 엎드러지게 하며 그들 중에는 내게 부르짖는 자가 하나도 없도다

■ 호세아 10장 4절

그들이 헛된 말을 내며 거짓 맹세로 언약을 세우니 그 재판이 밭이랑에 돋는 독초 같으리로다

■ 호세아 13장 10절

전에 네가 이르기를 내게 왕과 지도자들을 주소서 하였느니라 네 모든 성읍에서 너를 구원할 자 곧 네 왕이 이제 어디 있으며 네 재판장들이 어디 있느냐

■ 아모스 2장 1-3절

¹ 여호와께서 이와 같이 말씀하시되 모압의 서너 가지 죄로 말미암아 내가 그 벌을 돌이키지 아니하리니 이는 그가 에돔 왕의 뼈를 불살라 재를 만들었음이라 ² 내가 모압에 불을 보내리니 그리욧 궁궐들을 사르리라 모압이 요란함과 외침과 나팔 소리 중에서 죽을 것이라 ³ 내가 그 중에서 재판장을 멸하며 지도자들을 그와 함께 죽이리라 여호와께서 말씀하시니라

■ 미가 3장 11절

그들의 우두머리들은 뇌물을 위하여 재판하며 그들의 제사장은 삯을 위하여 교훈하며 그들의 선지자는 돈을 위하여 점을 치면서도 여호와를 의뢰하여 이르기를 여호와께서 우리 중에 계시지 아니하냐 재앙이 우리에게 임하지 아니하리라 하는도다

■ 미가 5장 1절

딸 군대여 너는 떼를 모을지어다 그들이 우리를 에워쌌으니 막대기로 이스라엘 재판자의 뺨을 치리로다

■ 미가 7장 3절

두 손으로 악을 부지런히 행하는도다 그 지도자와 재판관은 뇌물을 구하며 권세자는 자기 마음의 욕심을 말하며 그들이 서로 결합하니

■ 스바냐 3장 1-5절

¹ 패역하고 더러운 곳, 포학한 그 성읍이 화 있을진저 ² 그가 명령을 듣지 아니하며 교훈을 받지 아니하며 여호와를 의뢰하지 아니하며 자기 하나님에게 가까이 나아가지 아니하였도다 ³ 그 가운데 방백들은 부르짖는 사자요 그의 재판장들은 이튿날까지 남겨 두는 것이 없는 저녁 이리요 ⁴ 그의 선지자들은 경솔하고 간사한 사람들이요 그의 제사장들은 성소를 더럽히고 율법을 범하였도다 ⁵ 그 가운데에 계시는 여호와는 의로우사 불의를 행하지 아니하시고 아침마다 빠짐없이 자기의 공의를 비추시거늘 불의한 자는 수치를 알지 못하는도다

■ 스가랴 7장 9-12절

⁹ 만군의 여호와가 이같이 말하여 이르시기를 너희는 진실한 재판을 행하며 서로 인애와 긍휼을 베풀며 ¹⁰ 과부와 고아와 나그네와 궁핍한 자를 압제하지 말며 서로 해하려고 마음에 도모하지 말라 하였으나 ¹¹ 그들이 듣기를 싫어하여 등을 돌리며 듣지 아니하려고 귀를 막으며 ¹² 그 마음을 금강석같게 하여 율법과 만군의 여호와가 그의 영으로 옛 선지자들을 통하여 전한 말을 듣지 아니하므로 큰 진노가 만군의 여호와께로부터 나왔도다

■ 스가랴 8장 16-17절

¹⁶ 너희가 행할 일은 이러하니라 너희는 이웃과 더불어 진리를 말하며 너희 성문에서 진실하고 화평한 재판을 베풀고 ¹⁷ 마음에 서로 해하기를 도모하지 말며 거짓 맹세를 좋아하지 말라 이 모든 일은 내가 미워하는 것이니라 여호와의 말이니라

■ 마태복음 5장 25절

너를 고발하는 자와 함께 길에 있을 때에 급히 사화하라 그 고발하는 자가 너를 재판관에게 내어 주고 재판관이 옥리에게 내어 주어 옥에 가둘까 염려하라

■ 마태복음 12장 27절

또 내가 바알세불을 힘입어 귀신을 쫓아내면 너희의 아들들은 누구를 힘입어 쫓아내느냐 그러므로 그들이 너희의 재판관이 되리라

■ 마태복음 27장 19절

총독이 재판석에 앉았을 때에 그의 아내가 사람을 보내어 이르되 저 옳은 사람에게 아무 상관도 하지 마옵소서 오늘 꿈에 내가 그 사람으로 인하여 애를 많이 태웠나이다 하더라

■ 누가복음 11장 19절

내가 바알세불을 힘입어 귀신을 쫓아내면 너희 아들들은 누구를 힘입어 쫓아내느냐 그러므로 그들이 너희 재판관이 되리라

■ 누가복음 12장 14, 58절

14 이르시되 이 사람아 누가 나를 너희의 재판장이나 물건 나누는 자로 세웠느냐 하시고

58 네가 너를 고발하는 자와 함께 법관에게 갈 때에 길에서 화해하기를 힘쓰라 그가 너를 재판장에게 끌어 가고 재판장이 너를 옥졸에게 넘겨 주어 옥졸이 옥에 가둘까 염려하라

■ 누가복음 18장 2, 6절

2 이르시되 어떤 도시에 하나님을 두려워하지 않고 사람을 무시하는 한 재판장이 있는데

6 주께서 또 이르시되 불의한 재판장이 말한 것을 들으라

■ 요한복음 19장 13절

빌라도가 이 말을 듣고 예수를 끌고 나가서 돌을 깐 뜰(히브리 말로 가바다)에 있는 재판석에 앉아 있더라

■ 사도행전 7장 27, 35절
²⁷ 그 동무를 해치는 사람이 모세를 밀어뜨려 이르되 누가 너를 관리와 재판장으로 우리 위에 세웠느냐
³⁵ 그들의 말이 누가 너를 관리와 재판장으로 세웠느냐 하며 거절하던 그 모세를 하나님은 가시나무 떨기 가운데서 보이던 천사의 손으로 관리와 속량하는 자로서 보내셨으니

■ 사도행전 8장 33절
그가 굴욕을 당했을 때 공정한 재판도 받지 못하였으니 누가 그의 세대를 말하리요 그의 생명이 땅에서 빼앗김이로다 하였거늘

■ 사도행전 10장 42절
우리에게 명하사 백성에게 전도하되 하나님이 살아 있는 자와 죽은 자의 재판장으로 정하신 자가 곧 이 사람인 것을 증언하게 하셨고

■ 사도행전 18장 15절
만일 문제가 언어와 명칭과 너희 법에 관한 것이면 너희가 스스로 처리하라 나는 이러한 일에 재판장 되기를 원하지 아니하노라 하고

■ 사도행전 19장 38절
만일 데메드리오와 그와 함께 있는 직공들이 누구에게 고발할 것이 있으면 재판 날도 있고 총독들도 있으니 피차 고소할 것이요

■ 사도행전 24장 10절
총독이 바울에게 머리로 표시하여 말하라 하니 그가 대답하되 당신이 여러 해 전부터 이 민족의 재판장 된 것을 내가 알고 내 사건에 대하여 기꺼이 변명하나이다

■ 사도행전 25장 6, 10, 17절

⁶ 베스도가 그들 가운데서 팔 일 혹은 십 일을 지낸 후 가이사랴로 내려가서 이튿날 재판 자리에 앉고 바울을 데려오라 명하니

¹⁰ 바울이 이르되 내가 가이사의 재판 자리 앞에 섰으니 마땅히 거기서 심문을 받을 것이라 당신도 잘 아시는 바와 같이 내가 유대인들에게 불의를 행한 일이 없나이다

¹⁷ 그러므로 그들이 나와 함께 여기 오매 내가 지체하지 아니하고 이튿날 재판 자리에 앉아 명하여 그 사람을 데려왔으나

■ 디모데후서 4장 8절

이제 후로는 나를 위하여 의의 면류관이 예비되었으므로 주 곧 의로우신 재판장이 그 날에 내게 주실 것이며 내게만 아니라 주의 나타나심을 사모하는 모든 자에게도니라

■ 야고보서 4장 11-12절

¹¹ 형제들아 서로 비방하지 말라 형제를 비방하는 자나 형제를 판단하는 자는 곧 율법을 비방하고 율법을 판단하는 것이라 네가 만일 율법을 판단하면 율법의 준행자가 아니요 재판관이로다 ¹² 입법자와 재판관은 오직 한 분이시니 능히 구원하기도 하시며 멸하기도 하시느니라 너는 누구이기에 이웃을 판단하느냐

제101회 총회 재판국
운영원칙

총회 재판국 운영의 기본원칙

1. **총회 재판국의 심리는 법률심을 원칙으로 한다.** 당회 재판국 또는 노회 재판국은 그 심리의 성질상 법률심을 원칙으로 할 수 없으나, 상고심은 법률심으로 하는 것이 타당하다.
2. **총회 기소위원회가 기소한 경우에는 사실심으로 심리한다.**
3. 재항고의 경우, 항고를 기각하는 기소위원회의 결정에 불복하는 항고인이 총회재판국에 서면으로 재항고를 청구하며, **이때 재항고에 이유가 있다고 인정되면 노회 기소위원회는 그 결정을 시정해야 한다.**

---

1. 재판의 5대(大)원칙

재판국은 다음과 같은 원칙에 입각하여 재판한다.
① 절차적 정당성
② 법리적 정당성(법리에 따른 재판)

③ 구체적 타당성
④ 정직한 공정성
⑤ 재판의 신속성

2. 재판국의 조직

1) 구성
◆ 재판국 내에 권징재판부와 행정쟁송재판부 및 전원합의부를 둔다.
◆ 모든 재판국원은 전원합의부의 구성원이 된다.
◆ 전원합의부는 재판국원 전원으로 구성한다.
◆ 재판국에는 2개의 재판부를 두며, 각 재판부는 재판장과 서기를 둔다.
◆ 권징재판부는 7人, 행정쟁송 재판부는 5人의 국원으로 구성한다. (각 재판부는 재판장과 서기를 둔다.)
◆ 각 재판부에 각 1人의 전문위원을 둔다.

2) 운영
◆ 각 재판부는 독자적으로 사건을 심리·변론·판결·선고(3/4, 전원합의) 할 수 있고, 3/4 내지 전원합의가 이루어지지 않을 경우, 전체회의에서 상정한다.
◆ 재판장은 주심·국원을 지정한다.
◆ 재판장은 변론이 필요하다고 판단할 경우, 독자적으로 변론준비기일을 지정하여 당사자들의 변론을 들을 수 있다.
◆ 전원합의부에 상정된 사건은 국장이 따로 주심국원을 정하고 심리·변론·판결한다.
◆ 재판장은 그 결과를 정리하고 판결문 초안을 국원들에게 회람한다.
◆ 재판장은 사건이 선고될 수 있을 정도로 무르익었다고 판단되면 표결처리하여 선고한다.

◆ 전문위원은 재판부회의와 전체회의에 참석하여 자문에 응한다.

3) 사건의 배당
◆ 권징재판부에는 권징사건을, 행정쟁송재판부에는 행정쟁송 사건을 배당한다.
◆ 권징 사건이 행정 사건보다 지나치게 많은 경우, 권징 사건 일부를 전원합의부로 배당할 수 있다.

3. 업무 분담

1) 재판국장의 임무
◆ 전원합의부에서 다룰 사건을 선정한다.
◆ 재판부 전체회의를 주관한다.
◆ 전원합의부에 배당된 사건과 관련하여,
a. 심리(변론 또는 선고) 기일을 지정한다.
b. 재판을 진행한다.
c. 서기와 협의하여 쟁점과 토의 순서를 결정하고, 국원들의 발언 순서를 결정하거나 국원들의 발언시간과 발언 횟수를 제한한다.

2) 재판국 서기의 임무
◆ 재판국장의 임무를 보좌한다.
◆ 재판 관련 서류의 접수와 발송 및 보관을 주관한다.
◆ 국원들의 의견을 수렴하고, 연락을 담당한다.
◆ 전원합의부의 회의록과 재판조서를 작성한다.

3) 재판국 회계의 임무
◆ 재판국의 회계업무를 담당한다.

4) 재판부 재판장의 임무
- ◆ 재판부에 배당된 사건에 관하여는 재판국장과 동일한 권한을 가진다.

5) 재판부 서기의 임무
- ◆ 재판장의 임무를 보좌한다.
- ◆ 재판부의 일반 업무와 관련하여 각 재판부 국원들의 의견을 수렴한다.
- ◆ 재판부회의의 회의록과 재판부에 배당된 사건의 재판조서를 작성한다.

6) 임원회의 임무
- ◆ 국원(소속 재판부)들로부터 위임 받은 사항을 처리한다.

4. 기록의 송달 및 관리

- ◆ 기록 원본은 사무국에 보관한다.
- ◆ 적법하게 접수된 서류는 재판국 간사가 기록에 일련번호(페이지)를 기재한 후 이를 즉시 총회 웹하드에 업로드한다.
- ◆ 적법하다는 기준은 기소장의 내용범위를 벗어나지 않아야 한다.
- ◆ 적법하게 접수된 서류는 즉시 상대방에게 송달하되, 재판국에 E-mail 주소를 신고한 당사자들에게는 E-mail로 송달하며, 가급적 당사자들과 사전에 협의하여 E-mail로 송달할 수 있도록 한다.
- ◆ 사건이 적법하게 접수된 경우 간사는 당사자들에게 E-mail로 서류를 송달 받기 원하는지 여부를 확인한다.
- ◆ E-mail 서류를 송달 받기 원하는 당사자들이 있을 때는 그 당사자들로부터 본인이 신고한 위 E-mail 주소로 서류를 송달해 주시기 바라며, 위 E-mail 주소로 송달한 서류는 그 발송일에 서류를 송달 받은 것으로 간주하여도 무방하며, 이에 대해 일절 이의를 제기하지 않겠습니다라는 내용의 각서를 받는다.

◆ 재판국은 당사자들이 제출한 서류 중, 소장·답변서·준비서면과 증거는 예외 없이 상대방에게 송달하되, 상대방에게 송달하지 아니한 서류와 자료는 재판의 근거로 삼지 아니한다. 다만, 당사자들이 제출한 서류 중 참고서면과 참고자료는 송달하지 아니한 경우에도 참고자료로 활용할 수 있다.
◆ 재판국장 명의로 당사자들에게 발송한 서류와 그 부속서류가 있을 경우에는 그 원본을 해당기록 원본에 편철·보관하며, 서류에 일련번호(페이지)를 기재한 후 총회 웹하드에 업로드한다.
◆ 당사자 또는 그 변호인이 서류의 열람과 복사를 신청한 때에는 이를 허락한다. 다만, 재판국 관계자들이 날인(또는 서명·날인)하지 아니한 재판조서와 증인신문조서 등은 그 열람과 복사를 불허할 수 있으며, 이 경우 '재판국 관계자들이 날인(또는 서명·날인) 한 후에 열람과 복사가 가능하다.'는 사실을 당사자들에게 설명한다.

5. 회의 원칙

1) 회의에 관한 일반 원칙
◆ 전체회의 소집은 전원합의부 회의 후 재판국장이 정한다.
◆ 국원들 간의 연락은 E-mail 또는 문자메시지(카톡 포함)로 함을 원칙으로 하며, 발송 즉시 수신한 것으로 간주하고, 수신되지 않은 데에 대하여 이의를 제기할 수 없다.
◆ 전체회의는 월 1회, 매월 둘째 주 화요일(두 번째 주일 지난 후 화요일)에 모이는 것을 원칙으로 한다.
◆ 각 재판부회의는 각 재판장이 자율적으로 소집하며, 전체회의 일정과 겹치지 않도록 일정을 정하되, 전체회의 소집예정일 7일 이전(以前)에 소집한다.
◆ 회의 소집 및 심의안건 지정은 7일 이전(以前)에 국원들에게 통지함을

원칙으로 한다. 다만, 긴급한 경우에는 그렇지 아니하며, 이 경우에는 즉시 국원들에게 이 사실을 알려야 한다.

2) 일반 업무에 관한 회의
◆ 일반적인 회의 원칙에 따른다.

3) 사건 심리에 관한 회의
◆ 재판장(재판국장 또는 재판부의 재판장)이 회의를 주재하며, 국원들은 재판장의 허락을 얻어서 발언한다.
◆ 국원들의 발언 시간은 쟁점별로 1인당 3분으로 한다. 다만, 국장의 허락을 받은 경우에는 예외로 한다.
◆ 국장은 국원의 발언이 쟁점과 무관하다고 판단하거나 종전과 동일한 취지의 발언을 하고 있다고 판단하는 경우에는 그 발언을 제지할 수 있다.

6. 각 재판부 회의 원칙

◆ 재판부회의는 재판부의 재판장이 소집·진행한다.
◆ 재판부회의를 진행할 경우 재판장은 국장과 동일한 권한을 가진다.
◆ 재판부회의는 각 재판장의 판단에 따라 소집하되, 간단한 사항이거나 긴급한 사항인 경우에는 전자회의 (온라인 회의, 즉 E-mail이나 문자메시지, 카톡 등의 방법으로 개최하는 회의) 방식으로 소집·개최·결정할 수 있다.
◆ 당사자들의 주장·입증이 불충분하거나 불분명하다고 판단되는 경우 재판장은 당사자들에게 추가 설명·입증하거나 보충할 기회를 줄 수 있다.
◆ 당사자들의 주장과 입증이 충분히 이루어졌다고 판단되면, 재판장은

소속 국원과 전문위원에게 사전에 기록 검토에 필요한 만큼 충분한 시간적 여유를 준 후 판결 · 선고한다.
◆ 국원들이 사건을 충분히 파악했다고 판단되면 재판장은 최종적으로 분과회의를 개최하여 사건내용과 법리를 정리 · 검토한 후 '기록검토결과 보고서'를 작성하여 이를 국장에게 보고한다.
◆ 재판장의 '기록검토결과 보고서'에는 ① 당사자들의 주장(책벌사건인 경우에는 죄과사실과 피고인의 주장, 행정쟁송인 경우에는 원 · 피고의 주장), ② 인정되는 사실(책벌사건인 경우에는 죄과사실이 무엇인지 분명히 알 수 있어야 하며, 행정쟁송인 경우에는 원고의 청구취지와 청구원인이 무엇인지 분명히 알 수 있어야 함), ③ 쟁점에 관한 법리 검토 결과(판결주문에 대한 의견은 제외)가 반드시 포함되어 있어야 한다.
◆ 재판장은 '기록검토결과 보고서' 외에 판결문 초안을 전문위원의 도움을 받아 판결문을 작성한다.
◆ '인정되는 사실'을 기재할 때는 그 근거가 되는 증거를 반드시 세부 항목별로 구체적으로 명시하여야 하고, '법리 검토 결과'는 논리적 순서에 따라 쟁점별로 기재한 다음 그 법리적 근거(헌법 등 관련 규정과 총회 재판국의 판결 사례와 헌법위원회의 유권해석 사례, 총회 규칙부의 유권해석 사례, 대법원 판례 등)를 명기하여야 하며, 총회 재판국의 판결 사례와 헌법위원회의 해석 사례는 반드시 '기록검토결과 보고서'에 포함되어 있어야 한다.
◆ '기록검토결과 보고서'에는 국원(전문위원 포함)들의 의견을 표기하며, 그 내용에 대해 견해를 달리하는 국원 및 전문위원은 자신의 의견을 '기록검토결과 보고서'에 별도 기재할 수 있다.
◆ '기록검토결과 보고서'를 받아 본 후, 해당 재판국에서 좀 더 검토할 필요가 있다고 판단되면 구체적으로 그 사유를 명시하여 주심에게 추가 검토를 요구한다.
◆ 화해나 조정이 가능하다고 판단되면 재판장은 당사자들에게 화해나

조정을 권유할 수 있다.

7. 전체회의

1) 전체회의의 소집
◆ 전체회의는 국장이 소집·진행한다.
◆ 전체회의가 소집되면 먼저 재판장 또는 재판장이 지명한 국원이 '기록 검토결과 보고서'에 따라 보고한다.
◆ 기록 검토 후 보완할 사항이 있는지 여부 및 변론기일을 지정할 것인지 여부를 결정한다.

2) 변론
◆ 재판정에서는 국장의 허락 없이 녹음 또는 녹화할 수 없으며, 그 취지를 재판정 밖의 적당한 장소에 게시한다.
◆ 변론기일 통지서는 가급적 10일 이전에 당사자들에게 통지함을 원칙으로 한다.
◆ 변론기일에 진행되는 일체의 심리과정은 모두 녹음 또는 녹화하는 것을 원칙으로 하며, 그 요지를 재판조서에 기록하고, 국장과 서기, 간사는 재판조서에 서명·날인한다.
◆ 변론과정은 공개함을 원칙으로 한다. 다만, 국장은 공개가 부적절하다고 판단되는 경우(비밀유지가 필요하거나 명예 훼손의 가능성이 있는 경우 등) 또는 당사자 쌍방이 비공개를 요청하거나 비공개에 동의한 경우에는 비공개로 진행할 수 있다.
◆ 국장은 재판정의 사정을 감안하여 방청인 수를 제한할 수 있다.
◆ 당사자들의 주장·입증이 불충분하거나 불분명하다고 판단되는 경우 국장은 재판정에서 당사자 또는 증인에게 질문을 할 수 있고, 추가 설명·입증하거나 보충할 기회를 줄 수 있다.

◆ 국원이나 전문위원은 국장의 허락을 얻어서 당사자 또는 증인에게 질문을 할 수 있다.
◆ 재판정에서는 당사자들을 훈계하거나 모욕적인 발언을 하거나 재판국의 심증을 암시하거나 선입견을 드러내거나 새로운 주장을 하도록 유도해서는 아니 되며, 어떠한 경우에도 공정심에 의심을 살 수 있는 발언을 해서는 아니 된다.
◆ 변론기일에 당사자와 그 변호인이 발언을 할 때는 국장은 당사자들에게 요지만 간단하게 설명하도록 주의를 환기시킨다.
◆ 재판정에서는 당사자와 변호인 이외의 사람에게는 발언 기회를 주지 않는 것을 원칙으로 하되, 국장은 필요하다고 판단할 경우 예외적으로 당사자와 변호인 이외의 사람에게도 발언 기회를 줄 수 있다.
◆ 화해나 조정이 가능하다고 판단되면 국장은 당사자들에게 화해나 조정을 권유할 수 있다.

3) 최종심리
◆ 최종 심리기일에는 '기록검토결과 보고서' 순서에 따라 심리를 진행하되 각 쟁점 순으로 반대의견과 보충의견을 듣는다.
◆ 법리 문제에 대하여 토론을 할 때 국장과 국원들은 재판장과 전문위원들의 의견을 최대한 존중하여야 한다.
◆ 국원과 전문위원들이 사실인정에 관하여 의견을 말할 때는 그 근거가 되는 증거를 구체적으로 제시할 수 있어야 하며, 사적으로 들은 얘기를 그 근거로 제시할 수 없고, 반드시 증거능력 있는 증거를 그 근거로 제시해야 한다. 그러나 당사자들에게 화해나 조정을 권유하는 경우에는 예외로 한다.
◆ 국원과 전문위원들이 법리 문제에 관하여 의견을 말할 때는 그 법적 근거를 분명히 제시하여야 한다.
◆ 위에서 말하는 '법적 근거'라 함은 헌법과 헌법시행규정, 치리회 규칙, 총회 재판국의 판결, 헌법위원회의 유권해석, 총회 규칙부의 유권해석,

일반적으로 통용되는 사회법규, 대법원 판결 등을 의미하며, 그와 같은 근거 자료가 없을 경우에는 자유민주주의 국가에서 일반적으로 인정받고 있는 법리 또는 신빙성 있는 자료도 법적 근거로 삼을 수 있다.
◆ 국원과 전문위원들은 누구나 자유롭게 전체회의에서 자신의 의견을 피력할 수 있다.
◆ 국원이나 전문위원이 원만한 회의진행을 방해하는 발언(자극적인 발언이나 모욕적인 발언이나 명예를 훼손하는 발언이나 선입견을 드러내는 발언이나 사건과 무관한 발언, 국원들 간의 공평한 발언 기회를 저해할 수 있는 발언 등)을 할 때는 국장은 이를 저지할 수 있다.
◆ 판결주문이나 판결이유에 대하여 이견(반대의견과 보충의견)이 있는 국원은 자신의 의견을 판결문에 기재할 수 있다.

4) 선고기일 통지
◆ 판결을 선고할 수 있을 정도로 사건이 무르익었다고 판단되는 경우 재판장은 선고기일 통지를 한다.
◆ 선고기일 통지는 가급적 10일 이전에 함을 원칙으로 한다.
◆ 국장이 판결 선고기일 통지를 하는 경우에는 그 통지서에 '1. 주장할 내용과 증거를 정리하여 ○○년 ○월 ○일까지 당 재판국에 제출하십시오. 위 기재일 이후에 제출되는 주장과 증거는 판단의 근거 자료로 삼지 않을 수 있습니다.'라는 내용을 부기한다.

8. 판결문(판결서)의 작성과 판결의 선고

1) 판결문의 작성
◆ 판결은 판결문 작성 후에 판결문에 따라 선고하는 것을 원칙으로 한다. 그러나 '기록검토결과 보고서'에 대해 별다른 의견이 없을 경우에는 '기록검토결과 보고서' 내용에 따라 먼저 선고한 후 나중에 판결문을

작성할 수 있다.
- ◆ '기록검토결과 보고' 이후 추가 검토의 필요성이 제기된 때에는 국장은 선고기일을 연기할 수 있다.
- ◆ 판결문에는 국원들이 합의한 내용만 기재하되, 반대의견과 보충의견을 판결문에 기재하는 경우에는 예외로 한다.
- ◆ 판결문에는 쟁점에 관해서만 기재함을 원칙으로 하고, 재판국 전체회의 또는 각 재판부에서 논의된 내용과 증거에 의하여 입증된 내용만 기재한다.
- ◆ 판결문에 훈계하는 내용이나 명예훼손의 가능성이 있는 내용이나 모욕적인 내용 등을 기재해서는 아니 된다. 그러나 사실관계를 밝히는 데에 꼭 필요한 경우에는 예외로 한다.
- ◆ 최종 심리에 참여한 모든 국원들은, 선고기일에 출석하지 아니한 경우에도, 판결문에 날인하되, 판결문 내용을 확인(메일로 확인하는 경우를 포함)한 후 날인한다.
- ◆ 제척·기피·회피·불출석 등의 사유로 최종 심리에 참여하지 아니한 국원은 판결문에 날인하지 아니한다.

2) 판결 선고
- ◆ 상고심에서는 원심 판결을 파기하는 경우에는, 원심재판국에 환송하는 것을 원칙으로 하되(헌법 권징 제115조 내지 116조에 해당하는 경우는 제외함), 시급히 사건을 매듭지어야 하거나 원심으로 사건을 환송하는 것이 부적당하다고 판단할 만한 상당한 이유가 있는 경우에는 상고심 사건이라도 파기 자판한다.
- ◆ 판결 선고를 할 때는 국장이 쟁점별로 재판국의 판단 근거와 이유를 간단히 설명한 후 판결주문을 낭독한다.
- ◆ 판결 선고 후 국장은 판결문 초안을 정리하여 국원들에게 발송하되, E-mail로 발송함을 원칙으로 하며, 국원들은 초안을 확인하고, 발송일로부터 1일 내에 자신의 의견을 국장에게 전달하며, 이견이 없는 경우에

도 그 뜻을 국장에게 전달한다.
◆ 판결문 초안에 대한 국원들의 의견을 참조하여 최종 판결문이 완성되면 즉시 이를 국원들에게 발송한다.

9. 공정성과 청렴성을 의심받지 않기 위한 몇 가지 제안

1) 국장과 국원들은
◆ 사석에서는 당사자들을 만나지 않도록 한다.
◆ 본의 아니게 사석에서 당사자들을 만나게 된 경우에는 가급적 일찍 자리에서 일어난다.
◆ 누구든지(당사자이든 제3자이든) 사건에 관하여 얘기를 꺼낼 때는 이를 회피하거나 제지한다.
◆ 누구든지 사건에 관하여 얘기를 꺼낼 때는 '총회 재판국에서는 당사자들에게 입증할 기회를 충분히 주기로 하였습니다. 하고 싶은 얘기가 있으면 서면으로 써서 내십시오. 국원들이 다 꼼꼼하게 읽어 보고 그 입장을 충분히 감안해서 재판을 할 것입니다. 재판국원들이 법리에 따라 불편부당하게 재판할 테니, 국원들을 믿고 기다려 주십시오.'라고 얘기를 한 후 더 이상 자세한 이야기를 하지 못하도록 조치한다.

제3편 재판업무의 실제
권징재판을 중심으로

ㅡ. 권징의 의의

1. 치리(治理)와 권징(勸懲)

　　치리(넓은 의미의 치리)=행정 + 입법 + 권징(사법)
　　치리(좁은 의미의 치리)=행정
　　치리에 관한 헌법 규정 : 정치 제25조의 "치리권", 정치 제9장의 "치리회"

2. 권징의 의의

　가. 좁은 의미의 권징
　　　責罰裁判
　　　권징 제1,2,3조 "권징"
　나. 넓은 의미의 권징
　　　책벌재판 + 행정쟁송

정치 63조 ② "권징"

二. 재판의 종류

1. 책벌재판

죄과를 저지른 교인과 교회 직원을 책벌하기 위한 재판
① 유·무죄 판단 절차
② 책벌 양정 절차(책벌의 종류 및 기간을 판단하는 절차)

2. 행정쟁송

1) 행정소송 : (치리회장이 한) 행정행위의 효력에 대한 다툼을 해결하기 위한 쟁송절차
㉮ (행정행위) 취소소송 : 권징 152조 1항
㉯ (행정행위) 무효 등 확인소송 : 권징 152조 2항

2) 결의취소 등의 소송 : (치리회) 결의의 효력에 대한 다툼을 해결하기 위한 쟁송절차
㉮ 결의 취소의 소 : 권징 163조
㉯ 결의 무효확인의 소 : 권징 164조

3) 치리회 간의 소송 : 치리회 간의 권한의 유무 또는 그 행사에 대한 다툼을 해결하기 위한 쟁송절차

4) 선거무효소송과 당선무효소송 : 선거 또는 당선의 효력을 다투는 쟁송절차

㉮ 선거무효소송 : 선거의 효력을 다투는 쟁송절차
㉯ 당선무효소송 : 당선의 효력을 다투는 쟁송절차
- 노회에서 이루어지는 총회총대, 노회 임원 선거와 총회에서 이루어지는 총회 임원 선거만 소송의 대상

5) 문제의 제기 : 행정쟁송의 종류는 제한되어 있는가?

三. 책벌재판의 진행과 절차

※ 재판은 해석을 동반하게 되며 문자적 해석만이 옳은 것은 아님.
- 그 이유는 판결을 하려면 구체적 타당성을 고려하지 않을 수 없기 때문임
- 자의적으로 해석하는 것은 금물이며, 法 理論을 따라서 해석해야 함

1. 권징절차의 시작(기소 전단계의 절차)

▶ 권징절차는 고소장(고발장)을 제출하거나 기소의뢰를 한 경우에 시작됨

1) 고소(고발)장의 접수
피고소인(피고발인) 소속 치리회장에게 제출(권징 53조 1항). 단, 치리회를 고소(고발)할 때는 차상급 치리회장에게 제출

- 피고소인(피고발인) 소속 치리회장에게 제출하지 아니하고 다른 치리회장에게 제출한 경우의 처리 방법은? 반려할 것인가, 해당 치리회로 이송할 것인가?
- 총회 재판국에 고소장(고발장)을 제출하는 경우, 반려하지 않고 관할 기소위원회로 이송

> **비고. 상고의 경우**
>
> **A. 권징**
> 기소위원장과 피고인으로 나누어지고, 원심재판국인 노회재판국에 상고장을 접수한다.
> 원심재판국이 소장 접수를 거부할 경우, 부전지를 부쳐서 총회재판국에 접수한다.
>
> **B. 행정쟁송**
> 신청인과 피신청인은 원고와 피고로 나누어지고, 즉시 총회재판국에 상고장을 접수한다.
> 이 경우, 노회재판국을 경유할 필요가 없다.

2) 고소(고발)장의 처리 (권징 54조)
- 치리회장은 반드시 10일 이내에 기소위원회에 이첩해야 함(의무 사항임)
- 치리회장이 이첩하지 않고 반려하는 경우에 대처 방법은? 항고 또는 재항고가 가능한가?

2. 기소위원회의 조사

1) 고소·고발·기소의뢰가 없으면 기소위원회가 직권으로 조사를 할 수는 없음
① 고소 : 권징 제48조, 제49조 → 피해자가 처벌을 요구하는 행위
② 고발 : 권징 제51조, 제52조 → 피해자 아닌 제3자가 처벌을 요구하는 행위
③ 기소의뢰 : 권징 제60조 제3항 → 치리회장이 처벌을 요구하는 행위
④ 고소(고발) 사실 및 기소의뢰 사실과 관련된 범위 내에서 조사할 수 있음

2) 피의자 소환과 신문 : 권징 제58조, 시행규정 제62조
- 피의자 출석요구서는 10일 전에 통지
- 피의자의 진술권 보장
- ⊙ 피의자에게 '이익 되는 사실을 진술할 기회'를 주지 않은 채 제기한 기소의 효력은? (형소법 제286조)
- ⊙ 피의자가 계속 출석하지 아니할 경우에는 공소사실과 증거를 바탕으로 하여 판결을 선고하게 된다.
- 피의자의 진술조서 서명(기명날인)권 보장 : 시행규정 제62조
- ⊙ 재판조서에는 피고인이 서명(기명날인)하지 않는다.

3) 이단적 행위와 적극적 동조행위 : 시행규정 제63조

4) 결정 통지와 기소부제기이유 통지 : 10일 이내에 통지 (권징 제63조, 제64조)

5) 불기소처분에 대한 항고(재항고)와 기소명령 : 권징 제65조, 시행규정 제67조
- 기소위원회가 재판국의 기소명령을 2회 불이행할 경우 재판국이 직접 재판 가능(헌법시행규정 67조 6항)
- 재판국은 피고인의 출석권과 진술권을 보장해줘야 함
  - 총회 재판국이라 하더라도 1심 재판국인 경우에는 피고인의 출석권과 진술권을 보장해 줘야 함.
  - 상고심은 예외

6) 기소장 작성과 유의사항(판결문 또는 결정문 작성의 경우에도 대체로 동일)
ⓐ 기소사실을 특정
- 죄명만 기재(나열)하고 기소사실을 아예 기재하지 않는 경우도 있고,

기소사실을 기재하긴 했지만 그 내용이 명확(특정)하지 않은 경우도 있음. 이러한 기소는 위법한 것임.
- 기소사실은 6하 원칙에 따라 명확히 기재해야 함

> ▶ 누가, 언제, 어디에서, 무엇을 : 반드시 기재
> ▶ "어떻게"는, 반드시 기재해야 할 사항은 아니지만 원칙적으로 기재
> ▶ "왜"는 기재하지 않아도 되는 경우가 많지만 기재해 주면 좋음

- 여러 가지 사실 중 기소사실이 무엇인지를 분명히 판별할 수 있어야 함
- 기소장의 기소사실이 왜, 얼마나 중요한가?
  - 기소위원회가 기소를 하지 않으면 재판을 할 수 없음
  - 재판국은 기소위원회가 기소한 죄과사실에 한하여 심리, 판단할 수 있음
  - 양형에 관한 사유는 예외
- ⓑ 적용 규정(헌법, 헌법시행규정, 총회규칙, 노회규칙 등)을 명확히 검토해본 후에 기소
- ⓒ 증거 유무를 반드시 확인(어떠한 죄과사실에 대하여 어떠한 증거가 있는지 죄과사실별로 각각 따로 증거 유무를 확인)한 후에 기소

7) 사건의 분할 기소
- 특별한 사유가 없는 한 사건을 분할하여 기소하는 것은 바람직하지 않음 가급적 병합하여 기소하는 것이 바람직
- 공통분모가 없는 경우에는 병합할 수 없음

3. 재판국의 심리(변론)

1) 기소위원회가 기소를 하지 않으면 재판을 할 수 없음
〈예외 1〉 기소위원회가 재판국의 기소명령을 2회 불이행할 경우(시행규정 67조 6항)

⟨예외 2⟩ 총회장의 2차 시행 권고 불이행 : 시행규정 89조
⟨예외 3⟩ 시벌을 불이행한 피고인 : 시행규정 87조 3항

2) 피고인의 권리 보장
① 피고인의 출석권 : 권징 제31조
■ 피고인이 "변론기일에 2회 이상 출석하지 아니하거나 또는 출석하여도 변론을 하지 아니한 때"에 한하여 피고인 참여 없이 재판 진행 가능
② 피고인의 진술권 : 권징 제39조 제6항, 권징 제75조

3) 공개재판
헌법에는 공개재판에 관한 규정은 없지만 재판공개는 자유민주주의 국가의 당연한 원칙

4) 변론의 분리·병합
■ 특별한 사유가 없는 한 변론을 분리하는 것은 바람직하지 않음
■ 공통분모가 있을 경우에는 가급적 병합하여 진행하는 것이 바람직

3. 재판국의 판결(결정)

1) 증거재판주의 : 권징 제80조
■ 당사자들의 주장은 증거가 아니다. 고소(고발)인 이외에 다른 증인이 없다면?
■ 증거능력이 없는 증거는 유죄의 증거가 될 수 없음
■ 유죄 판결의 근거가 되는 증거는 판결문에 반드시 명시해야 함

2) 자유심증주의 : 권징 제81조 ▶ 증명력은 재판국원들이 자유롭게 판단

3) 법리에 따른 판결
■ 판결에 법리적 근거를 명확히 제시해야 함
■ 쟁점별로 재판국원들의 의견을 물어보아야 함

4) 유·무죄의 판단 및 판결문 작성

① 권징 3조에 정하여진 죄과는 원칙적으로 고의범임
■ 고의로 죄과를 범한 경우에만 처벌 가능함
■ 과실범은 원칙적으로 처벌하지 않고 있음

② 권징 3조 1-2항의 죄과는 그 위반의 정도가 중대한 경우에만 처벌 가능함

③ 유죄 판결을 선고할 경우의 판결문
■ 죄과사실을 명확히 기재해야 함
■ 기재 순서 : 죄과사실 → 양형 → 당사자들의 주장에 대한 판단
■ "당사자들의 주장에 대한 판단"은 죄과사실 기재 후 별도로 기재
■ "당사자들의 주장에 대한 판단"은 판결문에 기재하지 않아도 무방하지만, 죄과사실은 반드시 기재해야 함
■ 이는, 항소심의 경우에도 마찬가지이며 다만 상고심은 다른 측면이 있음

④ 무죄 판결을 선고할 경우의 판결문
■ 무죄 판단을 반드시 판결 주문에 기재해야 함
■ 일부 무죄인 경우에(주로 기소사실이 여러 개이고, 그 중의 일부는 유죄, 일부는 무죄인 경우에) 무죄 판단을 판결 주문에 기재하지 않는 경우가 있음

> 〈판결 주문 사례〉: 무죄를 선고할 경우
> 1. 기소사실 전부가 무죄인 경우(기소사실이 1개인 경우 포함)
>   "피고인은 무죄"
> 2. 일부 무죄인 경우(기소사실이 2개 이상이고 죄명이 상이한 경우)
>   죄명만 기재해도 무방함
>   예〉 "명예훼손의 점은 무죄"
> 3. 일부 무죄인 경우(기소사실이 2개 이상이고 죄명이 동일한 경우)
>   기소사실의 요지를 기재하는 것이 원칙임
>   기소사실을 그대로 옮겨 쓸 필요는 없고 그 요지만 기재해도 무방함
>   예〉 "2015년 7월 1일자 명예훼손의 점은 무죄"
>   예〉 "피고인이 2015년 7월 1일 김갑돌의 명예를 훼손했다는 점은 무죄"

4. 상소장의 접수와 처리

1) 치리회장은 상소장 접수를 거부할 수 없음

■ 상소인이 직접 상소심 치리회에 제출하는 경우에는 부전지에 의해서만 직접 상소장을 접수할 수 있다. 상소인은 상소심 치리회에 전화로 통보하는 경우 등은 법적 효력이 없다. 오로지 서면으로 제출행위가 이루어져야 함.

2) 원심재판국은 상소장을 접수한 날로부터 10일 이내에 소송기록과 증거물을 상소심에 송부 : 권징 96조

■ 일체의 소송기록(재판조서 포함)을 상소심에 송부

四. 3심제의 예외

1. 권징 재판의 경우

① 2심제 : 노회 재판국이 1심 재판국
- 목사에 관한 책벌 사건
- 장로의 노회원 또는 총회원으로서의 행위에 관한 책벌사건
- 당회장이 청원한 위탁재판사건
- 당회 기소위원회의 불기소결정에 대한 항고사건(권징 제20조)
※ 노회 재판국이 최종 판결한 사건에서, 피고인이 시벌을 불이행하여 소속 치리회(당회)의 결의로 가중처벌을 의뢰한 경우

② 단심제 : 총회 재판국이 1심 재판국
※ 총회 재판국의 2차 기소명령에도 불구하고 노회 기소위원회가 기소하지 않은 사건(권징 제14조, 시행규정 제67조 제6항)
※ 총회장의 2차 시행 경고를 불이행하여 총회 서기가 고소한 사건
※ 총회 재판국이 최종 판결한 사건에서, 피고인이 시벌을 불이행하여 소속 치리회(노회)의 결의로 가중처벌을 의뢰한 사건

2. 행정쟁송의 경우

㉮ 행정소송, 결의 취소 등의 소송, 치리회 간의 소송
   피고가 노회장인 경우 : 단심제(총회 재판국이 1심 재판국)
   피고가 당회장인 경우 : 2심제(노회 재판국이 1심 재판국)
㉯ 선거무효소송과 당선무효소송 : 단심제(총회 재판국이 1심 재판국)

3. 단심제인 경우에 유의해야 할 사항
- 총회 재판국이라 하더라도 1심 재판국인 경우에는 반드시 변론을 거쳐야 함
- 총회 재판국이 상고심인 경우에는 변론을 거치지 않고 판결을 선고할 수 있음

五. 용어의 정리

① 피의자
- 고소(고발, 기소의뢰)를 당하여, 기소위원회에서 조사를 받고 있는 사람 (유무죄와는 상관없음)
- 책벌재판에서 사용되는 용어임

② 피고인
- 재판국에서 권징재판을 받고 있는 사람(유무죄와는 상관없음)
- 책벌재판에서 사용되는 용어임

③ 원고와 피고
- 원고는 소를 제기한 사람, 피고는 소를 제기당한 사람
- 원고와 피고라는 용어는 행정쟁송에서만 사용되는 용어임
- 책벌재판에서는 원고와 피고라는 용어를 사용하지 않고 있음
- 행정쟁송에서는 피의자와 피고인이라는 용어를 사용하지 않고 있음

④ 상소 : 항소 + 상고

⑤ 항소
　　당회 재판국의 판결에 불복하여 노회 재판국에 상소하는 것

⑥ 상고
노회 재판국의 판결에 불복하여 총회 재판국에 상소하는 것

⑦ 항고
당회 기소위원회나 당회 재판국의 결정에 불복하여 노회 재판국에 이의를 제기하는 것

⑧ 재항고
노회 기소위원회나 노회 재판국의 결정에 불복하여 총회 재판국에 이의를 제기하는 것

⑨ 각하와 기각
- 각하는 소송요건을 결여했다고 판단하는 경우
- 기각은 소송요건을 갖추었지만 그 주장을 인정할 수 없다고 판단하는 경우

六. 재판의 일반 원칙

1. 원칙을 구현하기 위한 여러 가지 제도

가. 절차적 정당성과 당사자들의 권리를 확보하기 위한 헌법상의 제도
1) 기소장부본의 송달 ▶▶ 권징 제67조
2) 재판기일의 통지 ▶▶ 권징 제68조③
3) 기소위원회의 결정 통지 ▶▶ 권징 제63조
4) 기소부제기 이유통지 ▶▶ 권징 제64조
5) 증거의 요지를 알려야 할 의무 ▶▶ 권징 제83조①
6) 상소이유서 및 답변서 송달 ▶▶ 권징 제98조

7) 피고인의 무죄추정 ▶▶ 권징 제72조

나. 법리적 적합성(법리에 따른 재판)을 확보하기 위한 헌법상의 제도
1) 재판국원의 자격 ▶▶ 권징 제10조②, 권징 제16조②
2) 전문위원 ▶▶ 권징 제15조, 권징 제21조
3) 변호인 제도 ▶▶ 권징 제29조②
4) 변호인의 자격 제한 ▶▶ 권징 제30조
5) 잘못된 법리판단은 상소이유 ▶▶ 권징 제100조①,④,⑤ 및 제113조
6) 잘못된 법리판단은 재심사유 ▶▶ 권징 제124조
7) 헌법 또는 헌법시행규정 규정 위반은 총회특별재심 사유 ▶▶ 권징 제133조

다. 구체적 타당성과 실체적 진실 발견을 위한 헌법상의 제도
1) 변호인 제도 ▶▶ 권징 제29조②
2) 피고인의 소환 통지 ▶▶ 권징 제43조
3) 피고인의 진술권 ▶▶ 권징 제75조
4) 증거재판주의 ▶▶ 권징 제80조
5) 부당한 책벌양정 등은 상소이유 ▶▶ 권징 제100조⑥,⑦ 및 제113조

라. 공정한 자세를 확보하기 위한 헌법상의 장치들
1) 재판국원과 기소위원의 제척 · 기피 · 회피 ▶▶ 권징 제8조 및 시행규정 제61조③
2) 재판조서의 요지를 고지 ▶▶ 시행규정 제48조④,⑤
3) 상소이유 ▶▶ 권징 제100조③,⑧ 및 권징 제113조
4) 금품을 수수한 재판국원을 처벌 ▶▶ 권징 제3조⑪

제4편 총회재판절차

상고장의 접수처리 방법
재항고장의 접수처리 방법
행정쟁송재판절차

1. 상고장의 접수처리 방법

▶ 전제 : 대부분 피고인이 억울한 경우에 재판국의 판결에 불복하여 상소한다.

상고장이 원심재판국을 거쳐서 접수되었는지 확인하고 기본적으로 "피고인과 노회기소위원장"이 쌍방상소인지 여부를 확인한다. 그 이유는 피고인만이 상고이면 헌법 권징 제104조 불이익변경의 금지에 따라 판결하여야 한다. 즉, 원심판결의 책벌보다 중한 책벌을 선고하지 못한다. 그러나 쌍방상소이면 이 규정이 적용되지 아니한다.

서기부는 접수된 서류를 무조건 권징분과 또는 행정쟁송분과로 분배하기 전에 먼저, 적법한 서류인지 검토한다. 만약 적법한 서류에 해당하지 않을 경우에는 반송처리한다.

불이익변경금지(不利益變更禁止)의 원칙
상소심에 있어서 원심보다 불리한 판결을 하는 것을 금지하는 원칙

① 재판관할권이 적절한지 여부 확인(목사, 장로, 집사)(권징 제7조)

> **제7조 [재판국의 설치 및 재판관할]**
> 1. 총회재판국은 총회에, 노회재판국은 노회에, 당회재판국은 당회에 각각 설치한다.
> 2. 목사에 관한 소송사건 및 장로의 노회원 또는 총회원으로서의 행위에 관련된 소송사건의 재판관할은 노회재판국에 속한다. 일반교인 및 장로, 집사, 권사, 서리집사, 전도사에 관한 소송사건의 재판관할은 당회재판국에 속한다.
> 3. 치리회에 관한 소송사건의 재판관할은 차상급 치리회의 재판국에 속한다.

② 당사자관계가 적법한지 여부 확인(권징 제26조)

> **제26조 [심판사항]**
> 1. 당회 재판국은 일반교인 및 장로·집사·권사·서리집사·전도사에 관한 소송사건을 심판한다.
> 2. 당회원을 제외한 일반교인 및 직원에 대한 소송사건에 관하여 시무정지 6개월 이하의 책벌을 과하거나 혹은 책벌하지 않을 경우에 한하여 당회원 3분의 2이상의 출석과 출석 당회원 과반수 결의로 기소 및 재판절차를 대신 할 수 있으며 효력은 당회 기소위원회의 결정, 당회 재판국의 판결과 동일하다.

- 위탁재판청원일 경우 반드시 해당교회의 당회장만이 가능 : 권징 제121조, 헌법시행규정 제72조 제3항)

> **제121조 [위탁재판의 청원]**
> 당회장은 당회 재판국이 다음 중 하나에 해당하는 사유로 인하여 재판하기가 불능 또는 곤란한 경우에는 사건서류를 첨부하여 노회장에게 노회 재판국에서 위탁재판을 해 줄 것을 청원하여야 한다.

1. 재판의 전례가 없어 재판하기가 극히 어려운 경우
2. 치리회의 분쟁 등으로 인하여 재판국의 구성이 불가능한 경우
3. 기타 치리회의 사정상 당회 재판국에서 재판하기가 심히 어려운 경우

제72조 [위탁재판의 청원·책벌(권징) 적용과 범위]

1. 헌법 권징 제121조에 의하여 당회장이 노회재판국에 위탁재판을 청원할 때에는 권징 제10-1호 서식으로 한다.
2. 헌법 권징 제121조 1항에 의한 재판의 전례가 없어 재판하기가 극히 어려운 경우는 당회의 결의에 의하여 당회장이 위탁재판을 노회에 청원하여야 한다.
3. 헌법 권징 제121조 2항에 의한 당회나 교회의 분쟁으로 당회 재판국의 구성 또는 당회의 회집이 불가할 때에는 당회장이 직권으로 위탁재판을 노회에 청원하여야 한다.
4. 헌법 권징 제121조 3항에 의한 기타 치리회의 사정상 당회 재판국에서 재판하기가 심히 어려운 경우에도 전항과 같으며 그 경우란 다음의 각호를 말한다.
   ① 당회장이 고소인(고발인)이 된 경우
   ② 당회장이 피고소인(피고발인)이 된 경우
   ③ 기타 당회 또는 제직회나 공동의회의 사정상 당회 재판국에서 재판하기가 심히 어려운 경우
5. 헌법 정치 제65조 1항에 의한 당회가 없는 미조직교회 또는 제64조에 의한 폐당회가 된 교회와 장로 2인 미달 교회와 당회가 폐지된 교회로 재판국 구성이 불가할 때에는 제3항과 같다.
6. 각 치리회나 총회 산하 단체와 기관에서의 부정이나 재정 비리 행위 당사자에 대하여 총회장 혹은 총회 산하 단체와 기관의 이사회, 치리회의 감사위원회가 결의하여 해 교회 당회장에게 기소의뢰를 요청할 시(목사의 경우는 해 노회에), 해 당회장이나 노회장은 15일 이내에 즉시 기소의뢰나 위탁재판청원을 하여야 한다.
7. 책벌(권징) 적용과 범위
   ① 헌법 권징 제5조(책벌의 종류와 내용) 3항에서의 직원이란, 헌법 정치 제21조(교회의 직원 구분)의 직원 뿐 아니라 노회·총회 유급 직원과 총회 산하단체와 기관의 이사를 포함한 범위를 말한다.
   ② 헌법 권징 제3조(권징의 사유가 되는 죄과) 15항의 상당한 손실, 제5조(책벌의 종류와 내용) 3항의 단서 조항의 상당한 비리나 부정, 제49조(고소기간)의 상당한 죄과 등의 범위는 100만 원 이상 재정 비리 또는 부정을

행한 죄과를 말한다.
③ 헌법 권징 제5조 1항 ⑧(가중 처벌)의 불량한 죄질이란 상당한 뇌물 수수·횡령·공금 유용·배임과 성폭행 및 상습 폭행, 치리회원과 치리회 및 기관 단체의 개인 정보와 문서를 부정 유출한 죄과를 말한다.
④ 노회나 총회 직원과 총회 산하 단체 및 기관의 이사나 직원으로 본 교단에 소속 교회를 출석하지 않는 자가 헌법 권징 제3조에 해당하는 죄과(부정과 재정 비리)를 범할 경우에 수도권 내의 본 교단 소속 노회(노회 직원은 근무하는 노회)에 고소·고발이나 기소의뢰를 하여 책벌을 받게 하고, 그 결과를 출석하는 교회와 소속 노회에 통지하여 처리하게 한다.
⑤ 헌법 권징 제3조의 죄과 사유로 책벌 받은 자가 3년 이내에 다시 죄를 범할 경우 누범을 적용하여 가중 처벌한다.
⑥ 헌법 정치 제28조 6항을 위배한 해 치리회장에게는 상회총대파송 정지 이상의 책벌을 할 수 있다.
⑦ 헌법시행규정 제23조(다른 교파목사 청빙)에 있어, 구비서류가 미비하거나 자격 요건이 불비함을 알고도 청빙과 청목 및 목사고시 응시 등을 묵인하거나 조건부 승인(허락)한 경우에는 해 당회장과 노회장에게는 상회총대파송정지 이상의 책벌을 할 수 있다.

- 고소인 적격여부, 피고소인 자격여부, 고발인 적격여부, 피고발인 적격여부, 피고인의 적격여부

③ 상고기간에 제대로 접수되었는지 여부 확인(권징 제95조 판결문을 송부 받은 날로부터 20일)

제95조 [항소의 방식 및 제기기간]
1. 항소를 함에는 항소장을 원심재판국에 제출하여야 한다.
2. 항소의 제기기간은 판결문을 송부 받은 날로부터 20일로 한다.

④ 소송기록과 증거물 송부(권징 제96조 원심재판국은 항소장을 받은 날로부터 10일 이내에 소송기록과 증거물을 항소재판국에 송부하여야 한다.)

> 제96조 [소송기록과 증거물의 송부]
> 원심 재판국은 항소장을 받은 날로부터 10일 이내에 소송기록과 증거물을 항소재판국에 송부하여야 한다.

⑤ 상고이유(상고장 및 이유) 등이 적법하게 되었는지 여부 확인 (권징 제98조, 제100조, 111조)

> 제98조 [항소이유서와 답변서]
> 1. 항소인 또는 변호인은 전조의 통지를 받은 날로 부터 20일 이내에 항소이유서를 항소재판국에 제출하여야 한다.
> 2. 항소이유서의 제출을 받은 항소재판국은 지체 없이 그 부본을 상대방에게 송달하여야 한다.
> 3. 상대방은 전항의 송달을 받은 날로부터 20일 이내에 답변서를 항소재판국에 제출하여야 한다.
> 4. 답변서의 제출을 받은 항소재판국은 지체 없이 그 부본을 항소인 또는 변호인에게 송달하여야 한다.
>
> 제100조 [항소이유]
> 다음의 사유가 있을 경우에는 원심판결에 대한 항소이유로 할 수 있다.
> 1. 판결에 영향을 미친 헌법 또는 규정의 위반이 있는 때
> 2. 판결재판국의 구성이 헌법 또는 규정에 위반한 때
> 3. 헌법 또는 규정상 그 재판에 관여하지 못할 재판국원이 그 사건의 심판에 관여한 때
> 4. 판결에 이유를 붙이지 아니하거나 이유에 모순이 있는 때
> 5. 재심청구의 사유가 있는 때
> 6. 사실의 오인이 있어 판결에 영향을 미친 때
> 7. 책벌의 양정(量定)이 부당하다고 인정할 사유가 있는 때
> 8. 사건의 심리에 관여하지 아니한 자가 그 사건의 판결에 관여한 때
>
> 제111조 [상고이유서와 답변서]
> 제98조(항소이유서와 답변서)를 준용한다.

⑥ 기소장 기소절차에 적법하게 이루어졌는지 여부 확인 (권징 제55조, 제56조)

> **제55조 [당회 기소위원회의 구성]**
> 1. 당회기소위원회는 당회에서 선임된 기소위원 1인 내지 2인으로 구성한다.
> 2. 기소위원회에 임원으로 위원장과 서기를 두며, 임원은 위원의 호선으로 선임한다.
>
> **제56조 [노회 기소위원회의 구성]**
> 1. 노회기소위원회는 노회에서 선임된 기소위원 4인(목사 2인, 장로 2인)으로 구성한다.
> 2. 노회 기소위원 4인 가운데 1인 이상은 법학사 학위를 가진 자중에서 선임하여야 한다. 다만, 자격자가 없는 경우에는 예외로 한다.
> 3. 노회기소위원회의 임기는 노회임원을 선출한 정기회를 기준하여 2년으로 한다.
> 4. 제55조 제2항의 규정은 노회 기소위원회에 이를 준용한다.

⑦ 기소제기의 절차에 따라 육하원칙에 입각한 죄과사실 여부 확인 (권징 제60조)

> **제60조 [기소제기의 방식과 기소장]**
> 1. 기소를 제기함에는 기소장을 관할 재판국에 제출하여야 한다.
> 2. 기소장에는 다음 사항을 기재하여야 한다.
> ① 피고인의 성명, 나이, 성별, 직분, 주소
> ② 죄과명(罪過名)
> ③ 기소사실(죄과의 사실)
> ④ 적용 규정
> 3. 치리회장은 당회 또는 임원회의 결의에 따라 죄과가 있다고 인정되는 자에 대하여 직권으로 기소위원회에 기소를 의뢰할 수 있다.

⑧ 노회재판절차에 따라 피고인에게 기소장부본 송달 여부 확인 (권징 제67조)

제67조 [기소장부본의 송달]
재판국은 기소의 제기가 있는 때에는 지체 없이 기소장의 부본을 제1회 재판기일 전 10일까지 피고인 및 변호인에게 송달하여야 한다.

⑨ 재판기일 피고인에게 기일통지 여부(소환장) 확인 (권징 제68조)

제68조 [재판기일의 지정 및 변경]
1. 재판국장은 재판기일을 정하여야 한다.
2. 재판기일에는 피고인을 소환하여야 한다.
3. 재판기일은 기소위원장, 변호인에게 통지하여야 한다.
4. 재판국장은 직권 또는 기소위원장, 피고인이나 변호인의 신청에 의하여 재판기일을 변경할 수 있다.

⑩ 피고인에게 이익되는 진술할 기회 제공하였는지 여부 확인 (권징 제75조)

제75조 [피고인의 진술권]
재판국장은 피고인에게 그 이익 되는 사실을 진술할 기회를 주어야 한다.

⑪ 재판절차에서 증거주의에 입각한 기소장 제기여부 확인 (권징 제80조)

제80조 [증거재판주의]
사실의 인정은 증거에 의하여야 한다.

⑫ 증인조사의 방식이 올바르게 되었는지 여부 확인 (권징 제83조, 제84조)

제83조 [증거조사의 방식]
1. 재판국장은 기소위원장, 피고인 또는 변호인에게 증거물을 제시하고 증거물이 서류인 때에는 그 요지를 알려준다.

2. 기소위원장, 피고인 또는 변호인은 서류나 물건을 증거로 제출할 수 있고 증인, 감정인 등의 신문을 신청할 수 있다.
3. 재판국은 전항의 증거신청에 대하여 결정을 하여야 하며 또는 직권으로 증거조사를 할 수 있다.

제84조 [증거조사후의 기소위원장 및 피고인의 의견진술]
1. 피고인 신문과 증거 조사가 종료된 때에는 기소위원장은 사실과 규정 적용에 관하여 의견을 진술한다. 다만, 기소위원장이 재판기일에 출석하지 아니하는 때에는 기소장의 기재사항에 의하여 기소위원장의 의견진술이 있는 것으로 본다.
2. 재판국장은 기소위원장의 의견을 들은 후 피고인과 변호인에게 최종의 의견을 진술할 기회를 주어야 한다.

⑬ 피고인의 신문이 기소장에 적시된 기소사실 여부 확인 (권징 제76조)

권징 제76조 [피고인 신문의 방식]
1. 기소위원장 또는 기소위원과 변호인은 피고인에게 대하여 기소사실과 정상(情狀)에 관한 필요사항을 직접 신문할 수 있다.
2. 재판국장 및 재판국원은 전항의 신문이 끝난 뒤에 신문할 수 있다.

⑭ 재판국 판결선고시에 상소에 대한 고지 여부 확인 (권징 제87조)

권징 제87조 [상소에 대한 고지]
책벌을 선고하는 경우에는 재판국장은 피고인에게 상소 할 기간과 상소할 재판국을 고지하여야 한다.

주의사항

제124조 [재심사유]
다음중 하나 이상에 해당하는 사유가 있는 경우에는 책벌의 확정 판결에 대하여 그 선고를 받은 자의 이익을 위하여 재심의 청구를 할 수 있다.

1. 원심판결의 증거 된 서류 또는 증거물이 위조 또는 변조된 것이 증명된 때
2. 원심판결의 증거 된 증언, 감정 등이 허위인 것이 증명된 때
3. 무고로 인하여 책벌의 선고를 받은 경우에 그 무고의 죄가 확정판결에 의하여 증명된 때
4. 재판에 관여한 재판국원이 그 사건에 관하여 직권남용, 뇌물수수 등 부정행위를 한 것이 증명된 때
5. 기소의 제기 또는 기소의 기초 된 조사에 관여한 기소위원이 직권남용, 뇌물수수 등 부정행위를 한 것이 증명된 때
6. 판결에 영향을 줄 수 있는 헌법위원회의 해석이 있을 때
7. 판결에 영향을 미칠 중요한 사항에 관하여 판단을 누락한 때
8. 재판국이 중대하고도 명백한 법규적용의 착오를 범한 때

⇒ 기소가 된 재심 재판이 청구되면, 제124조의 사유로 인해 재심이 개시된 경우는 반드시 자판을 하여야 하고, 파기 환송할 수 없다.

2. 재항고장의 접수처리 방법

▶ 전제 : 대부분 고소인이 억울한 경우에 불기소처분에 불복하여 재항고를 한다.

재항고장이 접수되면 신속하게 60일 이내에 재항고 기각을 할 것인지 여부와 기소명령을 할 것인지를 결정문으로 다음과 같이 하면 된다.

① 재항고장이 노회기소위원회를 경유하여 접수되었는지 확인한다. (권징 제65조)

> **권징 제65조 [항고 및 재항고]**
> 1. 당회 기소위원회의 불기소처분에 대하여 불복이 있는 고소인 또는 고발인은 제63조의 규정에 의한 통지를 받은 날로부터 20일내에 당회 기소위원회를 거쳐 서면으로 노회재판국에 항고할 수 있다. 이 경우 당회기소위원회는 항고가 이유 있다고 인정하는 때에는 그 결정을 시정할 수 있다.
> 2. 고소인 또는 고발인은 기소위원회가 제63조의 규정에 의한 통지를 아니한 경우에는 불기소한 것으로 간주하여 전항의 규정에 의한 항고를 할 수 있다
> 3. 제1항 및 제2항의 항고를 기각하는 결정에 불복이 있는 항고인은 항고기각 결정 통지를 받은 날로부터 20일내에 노회기소위원회를 거쳐 서면으로 총회재판국에 재항고할 수 있다. 이 경우 노회기소위원회는 재항고가 이유 있다고 인정하는 때에는 그 결정을 시정하여야 한다.
> 4. 노회기소위원회의 불기소처분 또는 불기소간주로 인하여 불복이 있을 경우에 총회재판국에 재항고 할 수 있으며 이 경우에는 전 1항내지 전 3항을 준용한다.

② 고소장과 재항고인의 명부가 일치하는지 살핀다.
　(고소인 적격여부, 피고소인 자격여부, 고발인 적격여부, 피고발인 적격여부)

③ 항고기간에 제대로 접수되었는지 여부를 확인한다. (권징 제65조 불기소처분통지서를 받은 날로부터 20일 이내에)

> **제65조 [항고 및 재항고]**
> 1. 당회 기소위원회의 불기소처분에 대하여 불복이 있는 고소인 또는 고발인은 제63조의 규정에 의한 통지를 받은 날로부터 20일내에 당회 기소위원회를 거쳐 서면으로 노회재판국에 항고할 수 있다. 이 경우 당회기소위원회는 항고가 이유 있다고 인정하는 때에는 그 결정을 시정할 수 있다.
> 2. 고소인 또는 고발인은 기소위원회가 제63조의 규정에 의한 통지를 아니한 경우에는 불기소한 것으로 간주하여 전항의 규정에 의한 항고를 할 수 있다
> 3. 제1항 및 제2항의 항고를 기각하는 결정에 불복이 있는 항고인은 항고기각 결정 통지를 받은 날로부터 20일내에 노회기소위원회를 거쳐 서면으로 총회재판국에 재항고할 수 있다. 이 경우 노회기소위원회는 재항고가 이유 있다고

인정하는 때에는 그 결정을 시정하여야 한다.
　4. 노회기소위원회의 불기소처분 또는 불기소간주로 인하여 불복이 있을 경우에 총회재판국에 재항고할 수 있으며 이 경우에는 전 1항 내지 전 3항을 준용한다.

④ 재항고장이 재판국에 접수되면 불기소이유통지서를 면밀히 살펴본다.

⑤ 재항고이유를 면밀히 죄과사실 여부를 확인한다.

⑥ 고소장에 나타난 죄과사실여부를 확인한다. (권징 제53조, 권징 제49조 고소기간 등)

권징 제53조 [고소 및 고발의 형식]
1. 고소 및 고발은 피고소인(피고발인)의 소속 치리회장에게 서면으로 해야 한다. 단, 치리회를 고소(고발)할 때에는 차상급 치리회장에게 하여야 한다.
2. 고소장 및 고발장에는 다음 사항을 기재하고 서명날인을 하여야 한다.
① 고소인(고발인) 및 피고소인(피고발인)의 성명, 나이, 성별, 직분, 주소
② 죄과명 및 죄과 내용(때, 곳, 상황 등)
③ 증거명(서증, 물증 및 인증)

권징 제49조 [고소기간]
고소는 죄과를 범한 자를 알게 된 날로부터 2년을 경과하면 고소하지 못한다. 다만, 고소할 수 없는 불가항력의 사유가 있는 때에는 그 사유가 없어진 날로부터 기산한다.
그러나 총회 산하 단체와 기관에 대한 재정 비리 및 부정행위와 상당한 죄과에 대한 감사위원회의 고발이나 기소의뢰 기간은 원인 행위 일로부터 5년으로 하며, 이에 대한 권징 제52조(고발 기간)의 경우에도 이를 준용한다.

⑦ 피의자 신문시 출석요구서를 통지하였는지 여부 (권징 제58조)

> **제58조 [고소(고발)인의 조사 및 피의자 신문]**
> 1. 기소위원장은 고소(고발) 인을 먼저 출석하게 하여 고소(고발) 취지 및 이유와 고소 내용과 증거 및 증빙 사실 여부를 먼저 조사한다.
> 2. 기소위원장은 피의자를 소환하여 신문하고자 할 때에는 10일 전에 피의자에게 통지하여야 한다.
> 3. 기소위원회는 피의자에 대하여 죄과(罪過)사실과 정상(情狀)에 관한 필요사항을 신문하여야 하며 그 이익되는 사실을 진술할 기회를 주어야 한다.

⑧ 고소인 진술조서 작성이 잘 되었는지 여부 (고소사실에 따라 진술여부)

⑨ 피고소인 진술조서 작성이 잘 되었는지 여부 (고소인 진술과는 반대되는 내용 파악)

⑩ 불기소처분에 대한 불복이유와 증거서증을 면밀히 살핀다.
위의 내용을 검토하여 다음과 같이 결정하면 된다. (권징 제66조)

> **권징 제66조 [재판국의 결정]**
> 1. 항고서 또는 재항고서와 그 기록을 수리한 노회재판국 또는 총회재판국은 60일내에 다음의 구별에 의하여 결정을 하여야 한다. 재판국은 필요한 때에는 증거를 조사할 수 있다. ① 신청이 이유 없는 때에는 기각한다. ② 신청이 이유 있는 때에는 기소를 명령한다.
> 2. 전항 제②호의 기소명령에 대하여는 이의(불복)신청할 수 없다.
> 3. 당해 재판국이 제1항의 결정을 한 때에는 그 정본을 항고인 또는 재항고인, 피의자와 관할 기소위원회에 송부하여야 한다.

재항고장에 대해서 재판국에서는 60일 내에
① 신청이 이유가 없는 때에는 기각결정을 한다.
② 신청이 이유가 있는 때에는 노회기소위원회에 기소명령을 한다.

노회기소명령의 경우에는 헌법시행규정 제67조 제6항에 따라 2회의 기소명령을 받는 노회기소위원회가 이를 이행하지 않으면 직접 재판하여 처리한다. 이 경우에 권징 제66조에 따라 증거조사를 위원회를 구성하여 기소제기를 여부를 결정하고, 기소장을 작성하여 피고인에게 기소장 부본을 반드시 송달하여야 하고, 또한 재판기일을 10일 전에 피고인에게 통지하고, 소환장을 송달하여야 재판을 진행시킬 수 있다.

참고로, 총회재판국에서 고소장을 직접 접수하여 처리할 수 없다. 그 이유는 불고불리의 원칙에 맞지 않다.

3. 행정쟁송 재판절차

▶ 전제 : 행정쟁송사건의 소가 관할 재판국이 어디인지 여부를 확인한다.

1) 당사자관계를 면밀히 살핀다.
   - 원고의 적격여부
   - 피고의 적격여부

2) 사건의 당회원, 노회원의 적격여부
   - 결의가 합당하게 되었는지 여부(당회원 정족수 여부 확인)
   - 결의가 합당하게 되었는지 여부(노회원 정족수 여부 확인)

3) 신청사건의 경우(결정, 명령사건)
   - 신청인 적격여부
   - 피신청인 적격여부

4) 헌법 제2편 정치편의 법규내용에 맞는지 여부 확인
   - 목사청빙의 절차에 하자가 있는지 여부 확인

- 당회의 결의가 적법하게 이루어지는지 여부 확인
- 회의 절차가 적법하게 이루어지는 여부 확인(제직회, 공동의회, 노회)
- 당사자의 자격의 적격여부 확인(목사, 장로, 집사, 권사, 부총회장, 노회장 등)
- 선거방식의 적격여부 확인

제5편 총회 재판국의 책벌 양정 기준

1. 양정의 기본원칙

- 피고인이 죄과를 저지른 경우에는 이 기준에 따라 책벌한다. 다만, 구체적 타당성과 형평성을 감안하여 탄력적으로 적용한다.
- 이 기준을 그대로 적용하기 어려운 경우에는 이 기준을 참작하여 책벌한다.

2. 책벌 종류별 양정 기준

◆ 면직과 정직
- 비난가능성이 매우 크고, 교회(노회와 총회 포함. 이하 같음)에 미친 영향이 매우 커서
- 교회 직원의 신분을 계속 유지케 함이 부적절하다고 판단되는 경우에는
- 그 정도에 따라 면직 또는 정직의 책벌을 부과한다.

◆ 시무해임 및 시무정지
- 비난가능성이 크고, 교회(노회와 총회 포함. 이하 같음)에 미친 영향이 커서,
- 교회 직원으로서 계속 시무케 함이 부적절하다고 판단되는 경우에는
- 그 정도에 따라 시무해임 또는 시무정지의 책벌을 부과한다.

◆ 수찬정지
- 비난가능성이나 교회에 미친 영향이 비교적 크지만,
- 교회 직원으로서 계속 시무케 함이 타당하다고 판단되는 경우에는 수찬정지의 책벌을 부과한다.

◆ 근신 및 견책
그 죄과가 크지 않고, 교회에 미친 영향도 크지 않은 경우에는 근신 또는 견책의 책벌을 선고한다.

◆ 출교
- 지교회 출입을 금지시키지 아니하면 지교회에 계속 나쁜 영향을 미칠 가능성이 농후한 경우에 선고하되,
- 면직의 책벌을 부과해야 할 만큼 비난가능성이 매우 크고 교회에 미친 영향도 매우 큰 경우에 선고할 수 있으며, 권징 제3조 제3호의 죄과를 저지른 경우에는 정직, 동조 제4호의 죄과를 저지른 경우에는 정직 내지 시무정지의 책벌을 부과하는 경우에도 선고할 수 있다.

◆ 상회총대파송정지
시무정지 이상의 책벌을 부과해야 할 만큼 비난가능성이 큰 경우에 선고하되, 상회총대 파송을 정지시키지 아니하면 상회에 계속 나쁜 영향을 미칠 가능성이 농후한 경우에 선고한다.

3. 죄과 유형별 양정 기준

◆ 재산상의 손해
- 죄과로 인하여 5억원 이상의 손해를 끼친 경우에는 면직으로 책벌한다.
- 죄과로 인하여 2억원 이상 5억원 미만의 손해를 끼친 경우에는 정직으로 책벌한다.
- 죄과로 인하여 5천만원 이상 2억원 미만의 손해를 끼친 경우에는 시무해임 또는 시무정지로 책벌한다.
- 죄과로 인하여 1천만원 이상 5천만원 미만의 손해를 끼친 경우에는 시무정지 또는 수찬정지로 책벌한다.
- 죄과로 인하여 1천만원 미만의 손해를 끼친 경우에는 근신 또는 견책으로 책벌한다.
- 손해액을 특정하기는 곤란하지만 피해 발생 가능성이 농후한 경우에는 그 피해가 현실화한 것으로 보고 위 기준을 참작하여 책벌할 수 있다.

◆ 교회 분란과 예배 방해

○ 면직
- 지교회가 분열로 인하여 극렬한 대립양상을 보이고 있고,
- 1년 이상 예배를 드리지 못하고 있고(분쟁 발생일을 기준으로 1년 이내에는 예배가 정상화될 가능성이 희박한 경우 포함. 이하 같음)
- 예배 정상화에 대한 의지도 없다고 판단되는 경우

○ 정직
- 지교회가 분열로 인하여 극렬한 대립양상을 보이고 있지만,
- 예배를 드리지 못하고 있는 기간이 1년 미만이고, 예배 정상화에 대한 적극적 의지를 보이고 있는 경우

○ 시무정지
- 극렬한 대립양상을 보이지 않고 있지만,
- 여전히 지교회가 분란을 겪고 있고, 그로 인하여 예배를 드리는 데에 적지 않은 지장을 초래한 경우

○ 수찬정지
- 지교회가 분란을 겪고 있지만, 극렬한 대립양상을 보이지는 않고 있고,
- 과거에는 예배를 드리는 데에 지장을 초래했지만, 최근에는 별다른 지장을 초래하지 않고 있는 경우

○ 근신 및 견책
- 예배를 방해하기는 하였으나 예배를 드리는 데에 별다른 지장을 초래하지는 않은 경우

◆ 이단적 행위
- 이단적 행위를 주도함으로써 10명(미조직 교회의 경우에는 5명. 이하 같음) 이상의 교인들이 지교회(본 교단 교회에 한함. 이하 같음)를 이탈한 경우에는 면직으로 책벌한다.
- 이단적 행위를 주도하였으나 그로 인하여 교회를 이탈한 사람이 10명 미만인 경우에는 면직 또는 정직으로 책벌한다.
- 이단적 행위에 적극적으로 동조함으로써 10명 이상의 교인들이 교회를 이탈하는 데에 상당한 영향을 미친 경우에는 면직 또는 정직으로 책벌한다.
- 이단적 행위에 적극적으로 동조하였으나 그로 인하여 교회를 이탈한 교인이 10명 미만인 경우에는 정직, 시무해임 또는 시무정지로 책벌한다.
- 이단적 행위를 주도하거나 적극적으로 동조하였으나, 지교회에 별다른 영향을 끼치지 않은 상태에서 이단적 행위를 중단한 경우에는 시무정지 이하로 책벌한다.

◆ 명예훼손
- 유포된 허위사실이 명예를 크게 훼손할 정도로 심각한 내용이고, 또 그 허위사실이 전국적으로 광범위하게 유포된 경우에는 정직 또는 시무해임으로 책벌한다.
- 유포된 허위사실이 심각한 내용이지만, 그 허위사실이 전국적으로 광범위하게 유포되지는 않고 지역사회에서만 비교적 여러 사람들에게 유포된 경우에는 시무해임 또는 시무정지로 책벌한다.
- 유포된 허위사실이 그다지 심각한 내용은 아니지만, 그 허위사실이 지역사회에서 비교적 많은 사람들에게 유포된 경우에는 시무정지 또는 수찬정지로 책벌한다.
- 유포된 허위사실이 그다지 심각한 내용이 아니고, 그 허위사실이 주로 교회 내에서만 유포된 경우에는 견책 이하로 책벌한다.

◆ 직권남용 또는 직무유기
- 직권을 남용하거나 직무를 유기하여 치리회 운영에 1년 이상 매우 심각한 장애를 일으켰거나 치리회에 5억원 이상의 손해를 끼친 경우에는 면직으로 책벌한다.
- 직권을 남용하거나 직무를 유기하여 치리회 운영에 6개월 이상 1년 미만의 심각한 장애를 일으켰거나 2억원 이상 5억원 미만의 손해를 끼친 경우에는 정직 또는 시무해임으로 책벌한다.
- 직권을 남용하거나 직무를 유기하여 치리회 운영에 3개월 이상 6개월 미만의 장애를 일으켰거나 5천만원 이상 2억원 미만의 손해를 끼친 경우에는 시무해임 또는 시무정지로 책벌한다.
- 직권을 남용하거나 직무를 유기하여 치리회 운영에 3개월 미만의 장애를 일으켰거나 1천만원 이상 5천만원 미만의 손해를 끼친 경우에는 시무정지 또는 수찬정지로 책벌한다.
- 직원을 남용하거나 직무를 유기하였으나 치리회 운영에 비교적 작은 장애를 일으켰거나 1천만원 미만의 손해를 끼친 경우에는 수찬정지 이

하로 책벌한다.

◆ 금고 이상의 형
- 파렴치한 행위로 금고 3년 이상의 실형이 확정된 경우에는 면직으로 책벌한다.
- 파렴치한 행위로 금고 1년 이상 3년 미만의 실형이 확정된 경우에는 면직 또는 정직으로 책벌한다.
- 파렴치한 행위로 금고 1년 미만의 실형이 확정된 경우에는 정직 또는 시무해임으로 책벌한다.

◆ 재판국의 판결에 순응하지 아니하는 행위
- 쟁송(항소, 상고, 재심, 특별재심 등) 과정에서 판결주문과 판결이유에 대해 자신의 견해를 법적으로 정당하게 피력하는 행위와 학문적 견지에서 비판하는 행위는 책벌하지 아니한다.
- 이미 확정판결을 선고 받은 피고인이 의식적으로 판결결과(판결주문 및 판결이유 중 기판력이 미치는 부분)를 무시하고 이에 정면 배치되는 행위를 하는 경우에는 정직 또는 시무해임으로 책벌한다.
- 판결결과(판결 확정 여부를 불문함)에 불만을 품고 허위의 사실을 유포하면서 근거 없이 재판국원을 비난하는 경우에는 시무해임 또는 시무정지로 책벌한다.
- 재판국의 판결을 집행(시벌)해야 하는 사람이 정당한 이유 없이 재판국의 판결을 집행하지 아니하는 경우에는 직권남용 또는 직무유기(권징 제3조 제6호)의 기본형보다 1단계 위의 책벌을 부과한다.

◆ 재판회 석상에서 저지른 불법행위
- 재판 중이거나 재판과 밀접하게 관련된 때(직전이나 직후)에, 폭언·협박·폭행·상해·재물손괴 등의 죄과를 저지름으로써, 재판국원의 신체에 직접적으로 위해를 가한 경우에는 면직 또는 정직으로 책벌한다.

- 재판을 더 이상 진행할 수 없을 정도로 재판에 커다란 지장을 초래한 경우에는 정직 또는 시무해임으로 책벌한다.
- 재판에 상당한 지장을 초래한 경우에는 시무해임이나 시무정지로 책벌한다.
- 피고인이 재판회 석상에서 권징 제3조 제10항의 범죄를 저지른 경우에는 피고인을 권징 제6조 제3항에 따라 가중 처벌하되, 일반적인 책벌양정기준보다 2단계 위의 책벌까지 부과할 수 있다.

◆ 권징 제143조의 가중시벌 및 헌법시행규정 제87조의 가중처벌
- 종전의 죄과와 동일한 범죄를 저질렀거나(권징 제143조의 가중시벌) 피고인이 시벌을 불이행할 경우(헌법시행규정 제87조의 가중처벌)에는, 종전에 선고된 책벌보다 1단계 위의 책벌을 부과한다.
- 종전의 죄과와 다른 종류의 범죄를 저지른 경우에는 일반 책벌양정기준보다 1단계 위의 책벌을 부과한다.

◆ 회의 진행 방해
회의 진행 현장에서, 폭행 등의 행위로 인하여,

○ 상처를 입힌 경우
- 3개월 이상의 중상을 입힌 경우에는 면직으로 책벌한다.
- 4주 이상 3개월 미만의 상처를 입히고, 그로 인하여 회의 진행을 불가능하게 한 경우에는 면직 또는 정직으로 책벌한다.
- 4주 이상 3개월 미만의 상처를 입히고, 그로 인하여 회의 진행에 지장을 초래한 경우에는 시무해임 또는 시무정지로 책벌한다.
- 2주 이상 4주 미만의 상처를 입히고, 그로 인하여 회의 진행에 지장을 초래한 경우에는 시무해임 또는 시무정지로 책벌한다.
- 2주 미만의 상처를 입혔으나, 회의 진행에 별다른 지장을 초래하지 아니한 경우에는 시무정지 또는 수찬정지로 책벌한다.

○ 상처를 입히지 않은 경우
- 폭행 등의 행위로 인하여 상처를 입히지는 아니하였으나 회의 진행을 불가능하게 한 경우에는 시무해임 또는 시무정지로 책벌한다.
- 회의 진행에 지장을 초래하기는 하였으나 회의 진행이 불가능한 정도에 이르지는 아니한 경우에는 시무정지 또는 수찬정지로 책벌한다.
- 회의 진행에 별다른 지장을 초래하지 아니한 경우에는 수찬정지 이하로 책벌한다.

◆ 금품 수수

○ 재판국원이나 기소위원이 사건과 관련하여 사전에 금품을 받은 경우에는, 그 받은 금액에 따라,
- 1천만원 이상인 경우에는 면직
- 5백만원 이상 1천만원 미만인 경우에는 정직
- 2백만원 이상 5백만원 미만인 경우에는 시무해임
- 1백만원 이상 2백만원 미만인 경우에는 시무정지
- 20만원 미만인 경우에는 수찬정지 이하로 책벌한다.

○ 재판국원이나 기소위원이 사건과 관련하여 사후에 금품을 받은 경우에는, 위 기준보다 1단계 이하의 책벌을 부과한다.

○ 재판 또는 기소와는 무관하게 금품을 받는 경우(재판국원이나 기소위원이 되기 전에 받았거나, 그 가액 등에 비추어 볼 때 의례적으로 받은 것으로 판단되는 경우 등)에는 책벌하지 아니한다.

◆ 타인에게 범죄케 한 행위
타인에게 범죄케 한 사람은 범죄를 저지른 사람과 동일하게 책벌한다.

◆ 기타 죄과
- 위 양정 기준을 그대로 적용하기 어려운 경우(그 죄과로 인한 결과나 파장을 금전 등으로 산정하기 곤란한 경우)에는
- 위 각 양정 기준과 그 죄과로 인한 결과나 파장 등을 다각도로 참작하여 책벌한다.

4. 경합범과 누범

- 죄과사실이 2개 이상인 경우에는 그 중 가장 중한 죄과를 기준으로 책벌하되, 가장 중한 죄과의 기본형보다 1단계 위의 책벌을 부과할 수 있다. 재판 진행 중에 또 다른 죄과를 저지른 경우에는 가장 중한 죄과의 기본형보다 2단계 위의 책벌을 부과할 수 있다.
- 동일한 죄과를 2회 이상 5회 미만 반복한 경우에는 기본형보다 1단계 위의 책벌을, 5회 이상 반복한 경우에는 기본형보다 2단계 위의 책벌을 부과할 수 있다.
- 이미 책벌을 받은 사람이 그 판결확정일로부터 2년 이내에 재범을 한 경우에는 기본형보다 1단계 위의 책벌을 부과할 수 있다.

5. 가중과 감경

◆ 가중요소 및 감경요소의 적용방법
- 가중 또는 감경 사유가 있더라도 반드시 가중 또는 감경 처벌해야 한다는 것은 아니며, 가중 또는 감경할 수 있다는 의미이다.
- 가중 처벌하는 경우에는 기본형보다 1단계 위의 책벌을 부과한다.
- 감경 처벌하는 경우에는 기본형보다 1단계 아래의 책벌을 부과한다.
- 가중 또는 감경 사유가 여러 개 있을 때에는 이를 재차 가중 또는 감경할 수 있으나, 기본형보다 2단계를 초과하여 가중 또는 감경할 수 없다.

동일한 사유로 재차 가중 또는 감경할 수 없다.

◆ 가중요소
- 피고인이 자신의 죄과를 뉘우치지 아니하는 경우
- 아무런 근거 없이 재판국원이나 또는 상대방을 강하게 비방하거나 허위 사실을 유포하여 그 명예를 훼손하는 경우
- 합리적인 이유 없이 재판국의 조정안을 거부하는 경우
- 기타 피고인의 연령, 범행 동기, 범행 수단과 결과, 범행 후의 정황 등에 특별히 비난할 만한 사유가 있는 경우

◆ 감경요소
- 피고인이 자신의 죄과를 깊이 뉘우치는 모습을 행동으로 보이는 경우
- 단순가담자인 경우
- 재판국의 조정안을 적극 수용하려는 태도를 보인 경우
- 피해가 현실화 되지 않은 경우(피해 발생 가능성이 남아 있기는 하지만, 그 가능성이 그다지 많지 않은 경우)
- 법률에 대한 무지나 착오 등으로 인하여 자신의 행위가 법적으로 정당하다고 믿을 만한 상당한 이유가 있었다고 판단되는 경우
- 교회에 상당한 공헌을 하였거나 지역사회에 선한 영향력을 끼친 경우
- 기타 피고인의 연령, 범행 동기, 범행 수단과 결과, 범행 후의 정황 등에 참작할 만한 사유가 있는 경우

제6편 노회재판절차

재판의 대전제

사건의 배경(Hidden Story)을 살펴라.
법리적인 검토를 면밀하게 하라.
책벌에 대한 목회적(정무적) 고려를 하라.

요청사항

1. 노회가 지교회의 자유권을 최대한 존중하라. (정치 제2조)

> **제2조 교회의 자유**
> 개인에게 양심의 자유가 있는 것 같이 어떤 교파 또는 어떤 교회든지 교인의 입회 규칙, 세례교인(입교인) 및 직원의 자격, 교회의 정치 조직을 예수 그리스도께서 정하신 대로 설정할 자유권이 있다.

2. 수습전권위원회와 수습위원회

수습전권위원회는 정기노회에서 수습위원회는 임원회에서 구성한다. 수습전권위원회와 수습위원회는 점령군 행세하지 마라.

① 당회장권정지(3개월)
② 당회기능정지
③ 당회원권정지
④ 대리당회장 파송도 공평성을 유지하라.
- 대리당회장이 할 수 있는 것이 없다.
- 결의권, 권징권, 부동산관리권, 인사권 無!
∴ 재판을 공정하고 신속하게 처리하라. 화해와 조정이 안 된다. 판결을 해야 화해와 조정이 가능하다.

3. 임시당회장과 대리당회장
임시당회장 임기는 1년
대리당회장 임기는 1회 (통상 3개월)

4. 위임목사와 담임목사
위임목사의 경우 부목사 청빙이 가능하나 담임목사의 경우 부목사 청빙이 불가하기에 전도목사를 청빙하는 경향이 있으므로 이에 대한 개정이 필요하다.

> **정치 제67조 당회장**
> 당회장은 다음과 같이 노회가 임명한다.
> 1. 당회장은 그 교회 시무목사(위임목사, 담임목사)가 된다.
> 2. 임시당회장은 당회장이 결원되었을 때 당회원 과반수의 결의(합의 혹은 연명)로 요청한 해노회 목사를 노회가 파송한다.
> 3. 대리 당회장은 당회장이 유고할 때 또는 기타 사정이 있을 때 당회장이 위임한 자 또는 당회원이 합의하여 청한 자로 당회장직을 대리케 할 수 있다. 대리당회장은 결의권이 없다.
> 4. 미조직 교회의 당회권은 당회장이 행사한다.
> 5. 대리당회장은 은퇴목사에게도 이를 맡길 수 있다.
>
> **헌법시행규정 제17조 [위임식]**
> 1. 위임목사의 직무는 위임식을 거행함으로 시작되며 위임식 전의 목사의 칭호는

> 담임목사이다. 단, 위임식 전이라도 위임목사 청빙을 노회에서 허락하면 부목사의 청빙이나 연임청원을 할 수 있다.
> 2. 위임식은 노회 승인 후 1년 이내에 하여야 한다. 단, 노회의 승인을 받으면 1년 동안 연장할 수 있다.

1. 재판의 원칙

① 모든 교인(직원)은 재판을 받아 자기를 방어할 권리를 가진다.
② 재판은 3심제로 하며 1심은 당회인 치리회에서, 제2심은 노회상설 재판국에서, 제3심은 총회상설 재판국에서 관장한다.
③ 재판은 성경과 헌법 또는 헌법시행규정에 의해 공정하게 행하여야 한다.
④ 재판은 고소(고발)장이 재판국에 접수된 후 4개월 이내에 끝마쳐야 한다.
⑤ 증거재판주의(권징 제80조), 자유심증주의(권징 제81조)로 한다.

> **제80조 [증거재판주의]**
> 사실의 인정은 증거에 의하여야 한다.
>
> **제81조 [자유심증주의]**
> 증거의 증명력은 재판국원의 자유판단에 의한다.

2. 책벌의 원칙

① 죄과를 범한 자(은퇴자 포함)의 책벌은 재판절차를 거쳐서 행하여야 한다.
② 재판을 받지 않고는 권징할 수 없다.
③ 재판 석상에서 범한 제3조 제10항의 범죄에 대하여는 별도의 고소(고발) 및 기소 없이 즉시 판결로 책벌할 수 있으며 피고인의 경우에는

본죄와 병합하여 가중 처벌할 수 있다.

> **제3조 [권징의 사유가 되는 죄과]**
> 교인과 직원, 각 치리회가 다음 중 하나이상의 죄과(罪過)를 범한 때에는 재판에 의한 권징절차를 거쳐 책벌한다.
> 10. 치리회 석상, 교회의 제직회 또는 공동의회의 석상에서 폭언, 협박, 폭행, 상해, 재물손괴 행위

3. 항소장의 접수처리 방법

전제 : 대부분 피고인이 억울한 경우에 당회재판국의 판결에 불복하여 항소한다.

항소장이 원심재판국(당회)을 거쳐서 항소기간이 20일 이내에 접수되었는지 확인하고 기본적으로 "피고인과 당회기소위원장"이 쌍방상소인지 여부를 확인한다. 그 이유는 피고인만이 항소이면 헌법 권징 제104조 불이익변경의 금지에 따라 판결하여야 한다. 즉 원심판결의 책벌보다 중한 책벌을 선고하지 못한다. 그러나 쌍방상소이면 이 규정이 적용되지 않는다.

항소기간 20일은 불변기일이다.
재항고건의 경우 20일은 불변기일이다.

> **제3편 권징**
> 제34조 [판결의 확정]
> 1. 당회, 노회의 재판 판결은 상소기간(판결문 접수 후 20일)이 지나면 확정된다.
>
> **제104조 [불이익변경의 금지]**
> 피고인이 항소한 사건에 대하여는 원심판결의 책벌보다 중한 책벌을 선고하지 못한다.

1) 당사자가 상고장을 노회에 접수하면, 노회재판국을 경유하여 총회재판국으로 이유불문하고 상고장을 송부하여야 한다. (헌법시행규정 제9조)

> **제9조 [경유]**
> 1. 경유기관은 경유를 거부할 수 없으며 의견을 첨부하여 보고할 수 있다.
> 2. 헌법과 헌법시행규정에서 말하는 모든 조항의 경유 때도 이와 같다.

2) 재판관할권이 적절한지 여부 확인(목사, 장로, 집사) (권징 제7조)

> **제7조 [재판국의 설치 및 재판관할]**
> 1. 총회재판국은 총회에, 노회재판국은 노회에, 당회재판국은 당회에 각각 설치한다.
> 2. 목사에 관한 소송사건 및 장로의 노회원 또는 총회원으로서의 행위에 관련된 소송사건의 재판관할은 노회재판국에 속한다. 일반교인 및 장로, 집사, 권사, 서리집사, 전도사에 관한 소송사건의 재판관할은 당회재판국에 속한다.
> 3. 치리회에 관한 소송사건의 재판관할은 차상급 치리회의 재판국에 속한다.

3) 재판심판사항이 적절한 지 여부 확인 (권징 제20조)

> **제20조 [심판사항]**
> 노회재판국은 다음의 사건을 심판한다.
> 1. 당회재판국의 판결에 대한 항소사건
> 2. 목사에 관한 소송사건 및 장로의 노회원 또는 총회원으로서의 행위에 관련된 소송사건
> 3. 헌법이 정하는 행정쟁송사건
> 4. 당회장이 청원한 위탁재판 사건
> 5. 당회 기소위원회의 불기소결정에 대한 항고사건

4) 항소재판국의 심판사항(노회재판국) (권징 제101조)

제101조 [항소재판국의 심판]
1. 항소재판국은 항소이유서에 포함된 사유에 관하여 심판하여야 한다.
2. 항소재판국은 전조 제1항 내지 제6항의 경우에는 항소이유서에 포함되지 아니한 경우에도 직권으로 심판할 수 있다.
3. 제1심 재판국에서 증거로 할 수 있었던 증거는 항소재판국에서도 증거로 할 수 있다.
4. 항소의 제기가 소송의 요건을 결여한 부적법한 소에 해당하는 경우(제소기간의 경과 등)에는 판결로써 각하하여야 한다.
5. 항소이유 없다고 인정한 때에는 판결로써 항소를 기각하여야 한다.
6. 항소이유가 없음이 명백한 때에는 항소장, 항소이유서, 기타의 소송기록에 의하여 변론 없이 판결로써 항소를 기각할 수 있다.
7. 항소이유 있다고 인정한 때에는 원심판결을 파기하고 다시 판결을 하여야 한다.
8. 피고인이 재판기일에 출석하지 아니한 때에는 다시 기일을 정하여야 하고 피고인이 정당한 사유 없이 다시 정한 기일에 출석하지 아니한 때에는 피고인의 출석 없이 판결을 할 수 있다.

5) 당사자 관계가 적법한지 여부 (권징 제27조)

제27조 [당사자능력]
1. 당사자 능력이라 함은 소송의 주체가 될 수 있는 일반적인 능력으로서, 원고인, 피고인이 될 수 있는 자격을 말한다.
2. 권징재판에 있어서 기소권자는 각 치리회에서 선임된 기소위원회 위원장(이하 기소위원장이라 한다)이 되며, 기소위원회는 피고소인에 대한 죄과를 조사하고 기소여부를 결정한다.
3. 권징재판에 있어서 피고인은 고소인(고발인)으로부터 고소(고발)를 당하여 죄과를 범한 혐의로 기소위원회에 의하여 재판국에 기소된 자이다.

6) 당사자가 일방적으로 불출석할 경우 (권징 제31조)

> **제31조 [당사자 일방의 불출석]**
> 기소위원장 또는 피고인이 변론기일에 2회 이상 출석하지 아니 하거나 또는 출석하여도 변론을 하지 아니한 때에는 그 제출한 기소장, 답변서, 기타 준비서면에 기재한 사항을 진술한 것으로 보고 출석한 상대방에 대하여 변론을 명할 수 있다.

7) 판결선고기간 (권징 제32조)

> **제32조 [판결 선고기간]**
> 판결의 선고는 기소가 제기된 날로부터 당회재판국은 60일 이내에, 노회재판국은 90일 이내에 하여야 한다. 다만, 항소심 및 상고심에 있어서는 기록의 송부를 받은 날로부터 4개월 이내에 하여야 한다. 필요한 경우 30일의 기간을 연장할 수 있다.

8) 재판서의 기재사항 (권징 제33조)

> **제33조 [재판서의 기재사항]**
> 1. 재판서에는 재판을 받는 자의 성명, 연령, 직업, 직분, 주소를 기재하여야 한다.
> 2. 재판서에는 재판에 참여한 기소위원장 또는 기소위원의 성명과 변호인의 성명을 기재하여야 한다.
> 3. 재판서에는 재판국 국원이 날인하여야 한다.

9) 판결의 확정 (권징 제34조)

> **제34조 [판결의 확정]**
> 1. 당회, 노회의 재판 판결은 상소기간(판결문 접수 후 20일)이 지나면 확정된다.
> 2. 총회 재판의 판결은 선고한 날로 확정된다.

10) 재판의 선고, 고지의 방식 (권징 제35조)

> **제35조 [재판의 선고, 고지의 방식]**
> 1. 재판의 선고 또는 고지는 재판정에서는 재판서에 의하여야 하고 기타의 경우에는 재판서의 등본의 송달로 한다.
> 2. 재판의 선고 또는 고지는 재판국장이 한다. 판결을 선고함에는 주문을 낭독하고 이유의 요지를 설명한다.

11) 재판 송달의 기일 (권징 제36조)

> **제36조 [재판송달의 기일]**
> 재판서의 등본은 재판을 선고 또는 고지한 날로부터 10일 이내에 당사자에게 송달하여야 한다.

12) 재판조서의 작성 (권징 제39조)
① 재판국은 재판조서를 작성한다.
② 재판조서에는 모든 소송절차를 기재한다.
- 재판일시
- 재판국원, 기소위원, 피고인, 변호인의 성명
- 기소사실의 진술
- 증거조사를 한 때에는 증거 서류, 증거물
- 변론의 요지
- 피고인 또는 변호인에게 최종 진술할 기회를 준 사실과 그 진술한 사실
- 판결, 기타의 재판을 선고 또는 고지한 사실
③ 재판조서에는 재판국장과 재판국서기 또는 참여한 담당직원이 서명날인한다.
④ 재판조서는 재판기일 후 20일 이내에 정리하여야 한다.

제39조 [재판조서의 작성]
1. 재판국은 재판조서를 작성한다.
2. 재판조서에는 다음의 사항 기타 모든 소송절차를 기재한다. ① 재판을 행한 일시와 재판국 ② 재판국원, 기소위원, 피고인, 변호인의 성명 ③ 기소사실의 진술 ④ 증거조사를 한 때에는 증거 서류, 증거물 ⑤ 변론의 요지 ⑥ 피고인 또는 변호인에게 최종진술할 기회를 준 사실과 그 진술한 사실 ⑦ 판결, 기타의 재판을 선고 또는 고지한 사실
3. 재판조서에는 재판국장과 재판국 서기 또는 참여한 담당직원이 서명날인한다.
4. 재판조서는 재판기일 후 20일 이내에 정리하여야 한다.

13) 재판정에서의 속기 · 녹취 (권징 제40조)
재판국장은 필요하다고 인정하는 때에 직권으로 피고인, 변호인, 기소위원장의 신청에 의해 피고인, 증인 등에 대한 신문의 전부 또는 일부를 속기자로 하여금 필기하게 하거나 녹음장치를 사용하여 녹취할 수 있다.

제40조 [재판정에서의 속기 · 녹취]
1. 재판국장은 필요하다고 인정하는 때에 직권으로 또는 피고인, 변호인, 기소위원장의 신청에 의해 피고인, 증인 등에 대한 신문의 전부 또는 일부를 속기자로 하여금 필기하게 하거나 녹음장치를 사용하여 녹취할 수 있다.
2. 제1항의 신청에 의한 속기나 녹취에 비용을 요하는 때에는 피고인, 변호인 또는 기소위원장은 재판국이 정하는 금액을 예납하여야 한다.
3. 제1항의 신청에 의하여 속기나 녹취를 한 때에는 신청인은 실비액을 부담하고 속기록 또는 녹취록의 등본 또는 초본을 청구할 수 있다.

14) 송달의 원칙 (권징 제41조)

제41조 [송달의 원칙]
송달은 직권으로 하며, 송달을 받을 자에게 등기우편에 의하여 송달하여야 한다.

15) 피고인의 소환 (권징 제43조)

> **제43조 [피고인의 소환]**
> 1. 재판국장은 피고인을 소환할 때에는 10일전에 통지하여야 한다.
> 2. 피고인을 소환함에는 피고인의 성명, 나이, 성별, 직분, 주소, 죄과명, 출석일시, 장소를 기재하고 재판국장이 서명 날인하여야 한다.

16) 증인신문의 방식 (권징 제46조)

> **제46조 [증인신문의 방식]**
> 1. 증인은 신청한 기소위원장, 피고인 또는 변호인이 먼저 신문한다.
> 2. 재판국장 및 재판국원은 전항의 신문이 끝난 뒤에 신문할 수 있다.
> 3. 재판국장은 필요하다고 인정하면 전2항의 규정에 불구하고 어느 때나 신문할 수 있으며 제1항의 신문순서를 변경할 수 있다.
> 4. 증인신문은 각 증인에 대하여 신문하여야 한다. 다만, 필요한 때에는 증인과 다른 증인 또는 피고인과 대질하게 할 수 있다.

17) 화해의 종용 및 조정

재판국장은 판결 전에 당사자에게 화해를 종용할 수 있다. 이 경우 조정도 포함된다.

18) 항소기간에 제대로 접수되었는지 여부 확인 (권징 제95조. 판결문을 송부 받은 날로부터 20일)

> **제95조 [항소의 방식 및 제기기간]**
> 1. 항소를 함에는 항소장을 원심재판국에 제출하여야 한다.
> 2. 항소의 제기기간은 판결문을 송부 받은 날로부터 20일로 한다.

19) 소송기록 과 증거물 송부 (권징 제96조. 원심재판국은 항소장을 받은 날 날로부터 10일 이내에 소송기록과 증거물을 항소재판국에 송부하여야 한다.)

제96조 [소송기록과 증거물의 송부]
원심 재판국은 항소장을 받은 날로부터 10일 이내에 소송기록과 증거물을 항소재판국에 송부하여야 한다.

20) 항소이유(항소장 및 이유) 등이 적법하게 되었는지 여부 확인 (권징 제98조, 권징 제100조, 111조)

제98조 [항소이유서와 답변서]
1. 항소인 또는 변호인은 전조의 통지를 받은 날로 부터 20일 이내에 항소이유서를 항소재판국에 제출하여야 한다.
2. 항소이유서의 제출을 받은 항소재판국은 지체 없이 그 부본을 상대방에게 송달하여야 한다.
3. 상대방은 전항의 송달을 받은 날로부터 20일 이내에 답변서를 항소재판국에 제출하여야 한다.
4. 답변서의 제출을 받은 항소재판국은 지체 없이 그 부본을 항소인 또는 변호인에게 송달하여야 한다.

제100조 [항소이유]
다음의 사유가 있을 경우에는 원심판결에 대한 항소이유로 할 수 있다.
1. 판결에 영향을 미친 헌법 또는 규정의 위반이 있는 때
2. 판결재판국의 구성이 헌법 또는 규정에 위반한 때
3. 헌법 또는 규정상 그 재판에 관여하지 못할 재판국원이 그 사건의 심판에 관여한 때
4. 판결에 이유를 붙이지 아니하거나 이유에 모순이 있는 때
5. 재심청구의 사유가 있는 때
6. 사실의 오인이 있어 판결에 영향을 미친 때
7. 책벌의 양정(量定)이 부당하다고 인정할 사유가 있는 때
8. 사건의 심리에 관여하지 아니한 자가 그 사건의 판결에 관여한 때

제111조 [상고이유서와 답변서]
제98조(항소이유서와 답변서)를 준용한다.

21) 기소장 기소절차에 적법하게 이루어 졌는지 여부 확인 (권징 제55조, 권징 제56조)

> **제55조 [당회 기소위원회의 구성]**
> 1. 당회기소위원회는 당회에서 선임된 기소위원 1인 내지 2인으로 구성한다.
> 2. 기소위원회에 임원으로 위원장과 서기를 두며, 임원은 위원의 호선으로 선임한다.
>
> **제56조 [노회 기소위원회의 구성]**
> 1. 노회기소위원회는 노회에서 선임된 기소위원 4인(목사 2인, 장로 2인)으로 구성한다.
> 2. 노회 기소위원 4인 가운데 1인 이상은 법학사 학위를 가진 자중에서 선임하여야 한다. 다만, 자격자가 없는 경우에는 예외로 한다.
> 3. 노회기소위원회의 임기는 노회임원을 선출한 정기회를 기준하여 2년으로 한다.
> 4. 제55조 제2항의 규정은 노회 기소위원회에 이를 준용한다.

22) 기소제기의 절차에 따라 육하원칙에 입각한 죄과사실 여부 확인 (권징 제60조)

> **제60조 [기소제기의 방식과 기소장]**
> 1. 기소를 제기함에는 기소장을 관할 재판국에 제출하여야 한다.
> 2. 기소장에는 다음 사항을 기재하여야 한다.
>   ① 피고인의 성명, 나이, 성별, 직분, 주소
>   ② 죄과명(罪過名)
>   ③ 기소사실(죄과의 사실)
>   ④ 적용 규정
> 3. 치리회장은 당회 또는 임원회의 결의에 따라 죄과가 있다고 인정되는 자에 대하여 직권으로 기소위원회에 기소를 의뢰할 수 있다.

23) 당회재판절차에 따라 피고인에게 기소장부본 송달 여부 확인 (권징 제67조)

> **제67조 [기소장부본의 송달]**
> 재판국은 기소의 제기가 있는 때에는 지체 없이 기소장의 부본을 제1회 재판기일 전 10일까지 피고인 및 변호인에게 송달하여야 한다.

24) 재판기일은 기소위원장 변호인에게 기일통지 여부(소환장) 확인 (권징 제68조)

> **제68조 [재판기일의 지정 및 변경]**
> 1. 재판국장은 재판기일을 정하여야 한다.
> 2. 재판기일에는 피고인을 소환하여야 한다.
> 3. 재판기일은 기소위원장, 변호인에게 통지하여야 한다.
> 4. 재판국장은 직권 또는 기소위원장, 피고인이나 변호인의 신청에 의하여 재판기일을 변경할 수 있다.

25) 피고인에게 이익 되는 진술할 기회 제공하였는지 여부 확인 (권징 제75조)

> **제75조 [피고인의 진술권]**
> 재판국장은 피고인에게 그 이익 되는 사실을 진술할 기회를 주어야 한다.

26) 재판절차에서 증거주의에 입각한 기소장 제기 여부 확인 (권징 제80조)

> **제80조 [증거재판주의]**
> 사실의 인정은 증거에 의하여야 한다.

27) 증인조사의 방식이 올바르게 되었는지 여부 확인 (권징 제83조, 제84조)

> **제83조 [증거조사의 방식]**
> 1. 재판국장은 기소위원장, 피고인 또는 변호인에게 증거물을 제시하고 증거물이 서류인 때에는 그 요지를 알려준다.

2. 기소위원장, 피고인 또는 변호인은 서류나 물건을 증거로 제출할 수 있고 증인, 감정인 등의 신문을 신청할 수 있다.
3. 재판국은 전항의 증거신청에 대하여 결정을 하여야 하며 또는 직권으로 증거조사를 할 수 있다.

제84조 [증거조사후의 기소위원장 및 피고인의 의견진술]
1. 피고인 신문과 증거 조사가 종료된 때에는 기소위원장은 사실과 규정 적용에 관하여 의견을 진술한다. 다만, 기소위원장이 재판기일에 출석하지 아니하는 때에는 기소장의 기재사항에 의하여 기소위원장의 의견진술이 있는 것으로 본다.
2. 재판국장은 기소위원장의 의견을 들은 후 피고인과 변호인에게 최종의 의견을 진술할 기회를 주어야 한다.

28) 피고인에게 그 이익 되는 사실을 진술할 기회를 주었는지 여부 (권징 제75조)

제75조 [피고인의 진술권]
재판국장은 피고인에게 그 이익 되는 사실을 진술할 기회를 주어야 한다.

29) 피고인의 신문이 기소장에 적시된 기소사실 여부 확인 (권징 제76조)
- 재판국장 및 재판국원은 기소위원장 또는 기소위원과 변호인은 피고인에게 기소사실과 정상에 관한 직접 신문한 다음에 신문할 수 있다.

제76조 [피고인 신문의 방식]
1. 기소위원장 또는 기소위원과 변호인은 피고인에게 대하여 기소사실과 정상(情狀)에 관한 필요사항을 직접 신문할 수 있다.
2. 재판국장 및 재판국원은 전항의 신문이 끝난 뒤에 신문할 수 있다.

30) 기소위원장은 재판국의 허가를 얻어 기소장에 기재한 기소사실 또는 적용규정의 추가·철회 또는 변경을 할 수 있다. 재판국은 기소사실

또는 적용규정의 추가철회 또는 변경이 있을 때에는 그 사유를 신속히 피고인 또는 변호인에게 고지하여야 한다. (권징 78조)

> **제78조 [기소장의 변경]**
> 1. 기소위원장은 재판국의 허가를 얻어 기소장에 기재한 기소사실 또는 적용규정의 추가·철회 또는 변경을 할 수 있다. 이 경우에 재판국은 기소사실의 동일성을 해하지 아니하는 한도 내에서 허가할 수 있다.
> 2. 재판국은 기소사실 또는 적용규정의 추가·철회 또는 변경이 있을 때에는 그 사유를 신속히 피고인 또는 변호인에게 고지하여야 한다.

31) 당연히 증거능력 있는 서류를 증거로 채택하여 피고인의 죄과를 확인할 수 있다. (권징 제82조)

> **제82조 [당연히 증거능력 있는 서류]**
> 다음의 서류는 증거로 할 수 있다.
> 1. 호적등본·초본, 주민등록 등본·초본
> 2. 국가 법원의 확정 판결서 사본
> 3. 기타 특히 신용할 만한 정황에 의하여 작성된 문서

32) 피고인의 사건에 대하여 죄과의 증명이 있는 때에는 판결로써 책벌(유죄)을 선고한다. (권징 제85조)

> **제85조의 1 [책벌의 선고]**
> 재판국은 피고사건에 대하여 죄과의 증명이 있는 때에는 판결로써 책벌(유죄)을 선고하여야 한다.

33) 판결 선고시에 항소에 대한 고지 여부 확인 (권징 제87조)

> **제87조 [상소에 대한 고지]**
> 책벌을 선고하는 경우에는 재판국장은 피고인에게 상소할 기간과 상소할 재판국을 고지하여야 한다.

34) 무죄의 판결 (권징 제88조)

> **제88조 [무죄의 판결]**
> 피고사건이 죄과로 되지 아니하거나 죄과사실의 증명이 없는 때에는 판결로써 무죄를 선고하여야 한다.

35) 피고인의 사건이 죄과로 되지 아니하거나 죄과사실의 증명이 없는 때에는 판결로써 무죄 선고 (권징 제88조)

> **제88조 [무죄의 판결]**
> 피고사건이 죄과로 되지 아니하거나 죄과사실의 증명이 없는 때에는 판결로써 무죄를 선고하여야 한다.

36) 판결로써 기소기각의 선고를 할 경우(권징 제89조)
① 피고인에 대하여 재판권이 없을 때
② 기소가 제기된 사건에 대하여 다시 기소가 제기되었을 때
③ 고소가 취하되었을 때
④ 피해자가 사건에 대하여 처벌을 희망하지 아니하는 의사표시를 하거나 처벌을 희망하는 의사표시를 철회하였을 때
⑤ 기소제기의 절차가 헌법 또는 규정에 위반하여 무효인 때

> **제89조 [기소기각의 판결]**
> 다음의 경우에는 판결로써 기소기각의 선고를 하여야 한다.
> 1. 피고인에 대하여 재판권이 없을 때
> 2. 기소가 제기된 사건에 대하여 다시 기소가 제기되었을 때
> 3. 고소가 취하되었을 때
> 4. 피해자가 사건에 대하여 처벌을 희망하지 아니하는 의사표시를 하거나 처벌을 희망하는 의사표시를 철회하였을 때
> 5. 기소제기의 절차가 헌법 또는 규정에 위반하여 무효인 때

37) 결정으로 기소를 기각할 경우 (권징 제90조)
① 기소가 취소되었거나, 기소의 취소로 보는 때
② 치리회장이 당회 또는 임원회의 결의에 의하여 기소의뢰를 취소하였을 때
③ 피고인이 사망한 때
④ 기소장에 기재된 사실이 진실하더라도 죄과가 될 만한 사실이 포함되지 아니한 때

> **제90조 [기소기각의 결정]**
> 다음의 경우에는 결정으로 기소를 기각하여야 한다.
> 1. 기소가 취소되었거나, 기소의 취소로 보는 때
> 2. 치리회장이 당회 또는 임원회의 결의에 의하여 기소의뢰를 취소하였을 때
> 3. 피고인이 사망한 때
> 4. 기소장에 기재된 사실이 진실하더라도 죄과가 될 만한 사실이 포함되지 아니한 때

38) 항소기각의 결정하는 경우 (권징 제99조)
항소인이나 변호인이 변론기일을 통지받고서 항소이유서나 답변서를 제출하지 않을 때에는 항소를 기각하여야 한다. 다만, 항소장에 항소이유의 기재가 있는 때에는 예외로 한다.

> **제99조 [항소기각의 결정]**
> 항소인이나 변호인이 전조 제1항의 기간 내에 항소이유서를 제출하지 아니한 때에는 항소를 기각하여야 한다. 다만, 항소장에 항소이유의 기재가 있는 때에는 예외로 한다.

39) 원심재판국에의 환송의 경우(권징 제102조)
기소기각 또는 관할위반의 재판이 헌법 또는 규정에 위반됨을 이유로 원심판결을 파기하는 때에는 판결로써 사건을 원심재판국에 환송하여야 한다.

> 제102조 [원심재판국에의 환송]
> 기소기각 또는 관할위반의 재판이 헌법 또는 규정에 위반됨을 이유로 원심판결을 파기하는 때에는 판결로써 사건을 원심재판국에 환송하여야 한다.

40) 관할재판국에의 이송의 경우 (권징 제103조)
관할인정이 헌법 또는 규정에 위반됨을 이유로 원심판결을 파기하는 때에는 판결로써 사건을 관할재판국에 이송하여야 한다.

> 제103조 [관할재판국에의 이송]
> 관할인정이 헌법 또는 규정에 위반됨을 이유로 원심판결을 파기하는 때에는 판결로써 사건을 관할재판국에 이송하여야 한다.

4. 재항고장의 접수처리 방법

전제 : 대부분 고소인이 억울한 경우에 불기소처분에 불복하여 재항고를 한다.
재항고장이 접수되면 신속하게 60일 이내에 재항고 기각을 할 것인지 여부와 기소명령을 할 것인지를 결정문으로 다음과 같이 하면 된다.
① 재항고장이 노회기소위원회를 경유하여 접수되었는지 확인한다. (권징 제65조)
② 고소장과 재항고인의 명부가 일치한지 살핀다. (고소인 적격여부, 피고소인 자격여부, 고발인 적격여부, 피고발인 적격여부)
③ 항고기간에 제대로 접수되었는지 여부를 확인한다. (권징 제65조 불기소처분통지서를 받을 날로부터 20일 내에)
④ 재항고장이 재판국에 접수되면 불기소이유통지서를 면밀히 살펴본다.
⑤ 재항고이유를 면밀히 죄과사실이 여부를 확인한다.
⑥ 고소장에 나타난 죄과사실여부를 확인한다.
⑦ 불기소처분에 대한 불복이유와 증거서증을 면밀히 살핀다.

위의 내용을 검토하여 다음같이 결정하면 된다.
재항고장에 대해서 재판국에서는 60일 내에 (권징 제66조)
① 신청이 이유가 없는 때에는 기각결정을 한다.
② 신청이 이유가 있는 때에는 기소를 노회기소위원회에 기소명령을 한다.

노회기소명령의 경우에는 헌법시행규정 제67조 6항에 따라 2회의 기소명령을 받는 노회기소위원회가 이를 이행하지 않으면 직접 재판하여 처리한다. 이 경우에 권징 제66조에 따라 증거조사를 위원회를 구성하여 기소제기 여부를 결정하고, 기소장을 작성하여 피고인에게 기소장 부본을 반드시 송달하여야 하고, 또한 재판기일을 10일 전에 피고인에게 통지하고, 소환장을 송달하여야 재판을 진행시킬 수 있다.

* 참고로 총회재판국에서 고소장을 직접 접수하여 처리할 수 없다.

제65조 [항고 및 재항고]
1. 당회 기소위원회의 불기소처분에 대하여 불복이 있는 고소인 또는 고발인은 제63조의 규정에 의한 통지를 받은 날로부터 20일내에 당회 기소위원회를 거쳐 서면으로 노회재판국에 항고할 수 있다. 이 경우 당회기소위원회는 항고가 이유 있다고 인정하는 때에는 그 결정을 시정할 수 있다.
2. 고소인 또는 고발인은 기소위원회가 제63조의 규정에 의한 통지를 아니한 경우에는 불기소한 것으로 간주하여 전항의 규정에 의한 항고를 할 수 있다
3. 제1항 및 제2항의 항고를 기각하는 결정에 불복이 있는 항고인은 항고기각 결정 통지를 받은 날로부터 20일내에 노회기소위원회를 거쳐 서면으로 총회재판국에 재항고할 수 있다. 이 경우 노회기소위원회는 재항고가 이유 있다고 인정하는 때에는 그 결정을 시정하여야 한다.
4. 노회기소위원회의 불기소처분 또는 불기소간주로 인하여 불복이 있을 경우에 총회재판국에 재항고할 수 있으며 이 경우에는 전 1항 내지 전 3항을 준용한다.

제66조 [재판국의 결정]
1. 항고서 또는 재항고서와 그 기록을 수리한 노회재판국 또는 총회재판국은

60일 내에 다음의 구별에 의하여 결정을 하여야 한다. 재판국은 필요한 때에는 증거를 조사할 수 있다. ① 신청이 이유 없는 때에는 기각한다. ② 신청이 이유 있는 때에는 기소를 명령한다.
2. 전항 제②호의 기소명령에 대하여는 이의(불복)신청 할 수 없다.
3. 당해 재판국이 제1항의 결정을 한 때에는 그 정본을 항고인 또는 재항고인, 피의자와 관할 기소위원회에 송부하여야 한다.

제67조 [기소장부본의 송달]
재판국은 기소의 제기가 있는 때에는 지체 없이 기소장의 부본을 제1회 재판기일 전 10일까지 피고인 및 변호인에게 송달하여야 한다.

특별소송재판절차

I. 위탁재판의 절차

1. 위탁재판의 청원 (권징 제121조)
당회장은 당회재판국이 다음 중 하나에 해당하는 사유로 인하여 재판하기가 불능 또는 곤란한 경우에는 사건서류를 첨부하여 노회장에게 노회재판국에 위탁재판을 해 줄 것을 청원하여야 한다.
① 재판의 전례가 없어 재판하기가 극히 어려운 경우
② 치리회의 분쟁 등으로 인하여 재판국의 구성이 불가능한 경우
③ 기타 치리회의 사정상 당회재판국에서 재판하기가 심히 어려운 경우

제121조 [위탁재판의 청원]
당회장은 당회 재판국이 다음 중 하나에 해당하는 사유로 인하여 재판하기가 불능 또는 곤란한 경우에는 사건서류를 첨부하여 노회장에게 노회 재판국에서 위탁재판을 해 줄 것을 청원하여야 한다.
1. 재판의 전례가 없어 재판하기가 극히 어려운 경우
2. 치리회의 분쟁 등으로 인하여 재판국의 구성이 불가능한 경우
3. 기타 치리회의 사정상 당회 재판국에서 재판하기가 심히 어려운 경우

2. 노회장의 위탁재판청원의 처리 (권징 제122조)

① 위탁재판청원서를 송부 받은 노회장은 송부 받은 날로부터 20일 이내에 소속 기소위원회에 위탁재판사건서류를 송부하여야 한다.
② 노회장으로부터 송부 받은 날로부터 60일 이내에 사건의 조사를 완료하여 기소제기 여부를 결정하여야 한다.

> **제122조 [위탁재판청원의 처리]**
> 1. 위탁재판청원서를 송부 받은 노회장은 송부 받은 날로부터 20일 이내에 소속 기소위원회에 위탁재판사건서류를 송부하여야 한다.
> 2. 노회장으로부터 위탁재판사건서류를 송부 받은 기소위원회는 사건서류를 송부 받은 날로부터 60일 이내에 사건의 조사를 완료하여 기소제기 여부를 결정하여야 한다.

3. 위탁재판의 청원처리방법 (헌법시행규정 제72조)

① 헌법 권징 제121조에 의하여 당회장이 노회재판국에 위탁재판을 청원할 때에는 권징 제10-1호 서식으로 한다.
② 헌법 권징 제121조 1항에 의한 재판의 전례가 없어 재판하기가 극히 어려운 경우에는 당회의 결의에 의하여 당회장이 위탁재판을 노회에 청원하여야 한다.
③ 헌법 권징 제121조 2항에 의한 당회나 교회의 분쟁으로 당회재판국의 구성 또는 당회의 회집이 불가할 때에는 당회장이 직권으로 위탁재판을 노회에 청원하여야 한다.
④ 헌법 권징 제121조 3항에 의한 기타 치리회의 사정상 당회재판국에서 재판하기가 심히 어려운 경우에도 전항과 같으며 그 경우란 다음의 각호를 말한다.
- 당회장이 고소인(고발인)인 경우
- 당회장이 피고소인(피고발인)이 된 경우

- 기타 당회 또는 제직회나 공동의회의 사정상 당회재판국에서 재판하기가 심히 어려운 경우
⑤ 헌법 정치 제64조 1항에 의한 당회가 없는 미조직교회 또는 제65조에 의한 폐당회가 된 교회와 장로 2인 미달교회와 당회가 폐지된 교회로 재판국의 구성이 불가할 때에는 제3항과 같다.

4. 노회장은 총회에 위탁재판과 촉탁재판 청원을 할 수 없다. 오직 지교회 당회장만 위탁재판청원을 노회에 할 수 있다.

헌법시행규정 제72조 [위탁재판의 청원·책벌(권징) 적용과 범위]
1. 헌법 권징 제121조에 의하여 당회장이 노회재판국에 위탁재판을 청원할 때에는 권징 제10-1호 서식으로 한다.
2. 헌법 권징 제121조 1항에 의한 재판의 전례가 없어 재판하기가 극히 어려운 경우는 당회의 결의에 의하여 당회장이 위탁재판을 노회에 청원하여야 한다.
3. 헌법 권징 제121조 2항에 의한 당회나 교회의 분쟁으로 당회 재판국의 구성 또는 당회의 회집이 불가할 때에는 당회장이 직권으로 위탁재판을 노회에 청원하여야 한다.
4. 헌법 권징 제121조 3항에 의한 기타 치리회의 사정상 당회재판국에서 재판하기가 심히 어려운 경우에도 전항과 같으며 그 경우란 다음의 각호를 말한다.
① 당회장이 고소인(고발인)이 된 경우
② 당회장이 피고소인(피고발인)이 된 경우
③ 기타 당회 또는 제직회나 공동의회의 사정상 당회 재판국에서 재판하기가 심히 어려운 경우
5. 헌법 정치 제65조 1항에 의한 당회가 없는 미조직교회 또는 제64조에 의한 폐당회가 된 교회와 장로 2인 미달 교회와 당회가 폐지된 교회로 재판국 구성이 불가할 때에는 제3항과 같다.
6. 각 치리회나 총회 산하 단체와 기관에서의 부정이나 재정 비리 행위 당사자에 대하여 총회장 혹은 총회 산하 단체와 기관의 이사회, 치리회의 감사위원회가 결의하여 해 교회 당회장에게 기소의뢰를 요청할 시(목사의 경우는 해 노회에), 해 당회장이나 노회장은 15일 이내에 즉시 기소의뢰나 위탁재판청원을 하여야 한다.
7. 책벌(권징) 적용과 범위

① 헌법 권징 제5조(책벌의 종류와 내용) 3항에서의 직원이란, 헌법 정치 제21조(교회의 직원 구분)의 직원 뿐 아니라 노회·총회 유급 직원과 총회 산하단체와 기관의 이사를 포함한 범위를 말한다.
② 헌법 권징 제3조(권징의 사유가 되는 죄과) 15항의 상당한 손실, 제5조(책벌의 종류와 내용) 3항의 단서 조항의 상당한 비리나 부정, 제49조(고소기간)의 상당한 죄과 등의 범위는 100만 원 이상 재정 비리 또는 부정을 행한 죄과를 말한다.
③ 헌법 권징 제5조 1항 ⑧(가중 처벌)의 불량한 죄질이란 상당한 뇌물 수수·횡령·공금 유용·배임과 성폭행 및 상습 폭행, 치리회원과 치리회 및 기관 단체의 개인 정보와 문서를 부정 유출한 죄과를 말한다.
④ 노회나 총회 직원과 총회 산하 단체 및 기관의 이사나 직원으로 본 교단에 소속 교회를 출석하지 않는 자가 헌법 권징 제3조에 해당하는 죄과(부정과 재정 비리)를 범할 경우에 수도권 내의 본 교단 소속 노회(노회 직원이 근무하는 노회)에 고소·고발이나 기소의뢰를 하여 책벌을 받게 하고, 그 결과를 출석하는 교회와 소속 노회에 통지하여 처리하게 한다.
⑤ 헌법 권징 제3조의 죄과 사유로 책벌 받은 자가 3년 이내에 다시 죄를 범할 경우 누범을 적용하여 가중 처벌한다.
⑥ 헌법 정치 제28조 6항을 위배한 해 치리회장에게는 상회총대파송 정지 이상의 책벌을 할 수 있다.
⑦ 헌법시행규정 제23조(다른 교파목사 청빙)에 있어, 구비서류가 미비하거나 자격 요건이 불비함을 알고도 청빙과 청목 및 목사고시 응시 등을 묵인하거나 조건부 승인(허락)한 경우에는 해 당회장과 노회장에게는 상회총대파송정지 이상의 책벌을 할 수 있다.

Ⅱ. 재심재판절차

1. 재심사유 (권징 제124조)

다음 중 하나 이상에 해당하는 사유가 있는 경우에는 책벌의 확정 판결에 대하여 그 선고를 받은 자의 이익을 위하여 재심의 청구를 할 수 있다.
① 원심판결의 증거 된 서류 또는 증거물이 위조 또는 변조된 것이 증명된 때
② 원심판결의 증거 된 증언, 감정 등이 허위인 것이 증명된 때

③ 무고로 인하여 책벌의 선고를 받은 경우에 그 무고의 죄가 확정판결에 의하여 증명된 때
④ 재판에 관여한 재판국원이 그 사건에 관하여 직권남용, 뇌물수수 등 부정행위를 한 것이 증명된 때
⑤ 기소의 제기 또는 기소의 기초된 조사에 관하여 기소위원이 직권남용, 뇌물수수 등 부정행위를 한 것이 증명된 때
⑥ 판결에 영향을 줄 수 있는 헌법위원회의 해석이 있을 때
⑦ 판결에 영향을 미칠 중요한 사항에 관하여 판단을 누락한 때
⑧ 재판국이 중대하고도 명백한 법규적용의 착오를 범한 때

> **제124조 [재심사유]**
> 다음 중 하나 이상에 해당하는 사유가 있는 경우에는 책벌의 확정 판결에 대하여 그 선고를 받은 자의 이익을 위하여 재심의 청구를 할 수 있다.
> 1. 원심판결의 증거 된 서류 또는 증거물이 위조 또는 변조된 것이 증명된 때
> 2. 원심판결의 증거 된 증언, 감정 등이 허위인 것이 증명된 때
> 3. 무고로 인하여 책벌의 선고를 받은 경우에 그 무고의 죄가 확정판결에 의하여 증명된 때
> 4. 재판에 관여한 재판국원이 그 사건에 관하여 직권남용, 뇌물수수 등 부정행위를 한 것이 증명된 때
> 5. 기소의 제기 또는 기소의 기초 된 조사에 관여한 기소위원이 직권남용, 뇌물수수 등 부정행위를 한 것이 증명된 때
> 6. 판결에 영향을 줄 수 있는 헌법위원회의 해석이 있을 때
> 7. 판결에 영향을 미칠 중요한 사항에 관하여 판단을 누락한 때
> 8. 재판국이 중대하고도 명백한 법규적용의 착오를 범한 때

2. 재심의 관할 (권징 제125조)

재심은 원심재판국이 관할한다.

> **제125조 [재심의 관할]**
> 재심은 원심재판국이 관할한다.

3. 재심의 청구절차 (권징 제126조)
재심의 청구절차에는 각 심급의 소송절차에 관한 규정을 준용한다.

> **제126조 [재심의 청구절차]**
> 재심의 청구절차에는 각 심급의 소송절차에 관한 규정을 준용한다.

4. 재심청구의 기간 (권징 제127조)
재심의 청구는 당사자가 확정판결 후 재심의 사유를 안 날로부터 혹은 헌법위원회의 유권해석을 받은 날로부터 30일 이내에 청구하여야 한다. 단, 기간 내에 청구할 수 없는 특별한 사정이 있었을 경우에는 기간을 예외로 한다.

> **제127조 [재심청구의 기간]**
> 재심의 청구는 당사자가 확정판결 후 재심의 사유를 안 날로부터 혹은 헌법위원회의 유권해석을 받은 날로부터 30일 이내에 청구하여야 한다. 단, 기간 내에 청구할 수없는 특별한 사정이 있었을 경우에는 기간을 예외로 한다.

5. 재심청구권자 (권징 제128조)
① 기소위원장
② 책벌의 선고를 받은 자 및 법정대리인
③ 책벌의 선고를 받은 자가 사망할 경우에는 그 배우자, 직계친족, 또는 형제자매

> **제128조 [재심청구권자]**
> 다음에 해당하는 자는 재심의 청구를 할 수 있다.
> 1. 기소위원장
> 2. 책벌의 선고를 받은 자 및 법정대리인
> 3. 책벌의 선고를 받은 자가 사망한 경우에는 그 배우자, 직계친족 또는 형제자매

6. 재심에 대한 결정과 당사자의 의견(권징 제129조)

① 재심의 청구에 대하여 결정을 함에는 청구한 자와 상대방의 의견을 들어야 한다.
② 재심의 청구가 헌법 또는 규정상의 방식에 위반되거나 청구권의 소멸 후인 것이 명백한 때에는 결정으로 기각하여야 한다.
③ 재심의 청구가 이유 없다고 인정되는 때에는 결정으로 기각하여야 한다.
④ 전항의 결정이 있는 때에는 누구든지 동일한 이유로써 재심을 청구하지 못한다.
⑤ 재심의 청구가 이유 있다고 인정한 때에는 재심개시의 결정을 하여야 한다.

> **제129조 [재심에 대한 결정과 당사자의 의견]**
> 1. 재심의 청구에 대하여 결정을 함 에는 청구한 자와 상대방의 의견을 들어야 한다.
> 2. 재심의 청구가 헌법 또는 규정상의 방식에 위반되거나 청구권의 소멸 후인 것이 명백한 때에는 결정으로 기각하여야 한다.
> 3. 재심의 청구가 이유 없다고 인정되는 때에는 결정으로 기각하여야 한다.
> 4. 전항의 결정이 있는 때에는 누구든지 동일한 이유로써 재심을 청구하지 못한다.
> 5. 재심의 청구가 이유 있다고 인정한 때에는 재심개시의 결정을 하여야 한다.

7. 재심의 심판 (권징 제130조)

① 재심개시의 결정이 확정된 사건에 대하여는 재판국은 그 심급에 따라 다시 심판하여야 한다.
② 재심에서 무죄의 선고를 한 때에는 그 판결을 총회기관지에 게재하여 공고하여야 한다.

> **제130조 [재심의 심판]**
> 1. 재심개시의 결정이 확정된 사건에 대하여는 재판국은 그 심급에 따라 다시 심판하여야 한다.
> 2. 재심에서 무죄의 선고를 한 때에는 그 판결을 총회기관지에 게재하여 공고하여야 한다.

8. 행정소송과 재심, 총회특별재심 (권징 제150조의 1)

① 행정쟁송의 확정판결에 제124조의 재심사유의 규정 중 하나 이상에 해당하는 사유가 있는 경우에는 그 선고를 받은 자의 이익과 관계없이 재심의 청구를 할 수 있다.
② 행정쟁송에 대한 총회재판국의 확정판결이 제133조의 총회특별재심의 청원규정에 해당하는 경우에 총회에 특별재심청원을 할 수 있다.
③ 행정소송의 확정판결에 의하여 권리 또는 이익의 침해를 받은 제3자는 자기에게 책임 없는 사유로 제156조 제3자의 소송참가규정에 의하여 소송에 참가하지 못함으로써 판결의 결과에 영향을 미칠 공격 또는 방어방법을 제출하지 못한 때에는 이를 이유로 확정판결에 대하여 재심의 청구와 총회특별재심의 청원을 할 수 있다.
④ 전항의 의한 재심의 청구는 확정판결을 있음을 안 날로부터 30일 이내 판결이 확정된 날로부터 3개월 이내에 제기하여야 한다.

제150조의 1 [행정소송과 재심, 총회특별재심]
1. 행정쟁송의 확정판결에 제124조의 재심사유의 규정 중 하나 이상에 해당하는 사유가 있는 경우에는 그 선고를 받은 자의 이익 과 관계없이 재심의 청구를 할 수 있다.
2. 행정쟁송에 대한 총회 재판국의 확정판결이 제133조의 총회 특별재심의 청원 규정에 해당하는 경우에 총회에 특별재심청원을 할 수 있다.
3. 행정소송의 확정판결에 의하여 권리 또는 이익의 침해를 받은 제3자는 자기에게 책임 없는 사유로 제156조 제3자의 소송참가 규정에 의하여 소송에 참가하지 못함으로써 판결의 결과에 영향을 미칠 공격 또는 방어방법을 제출하지 못한 때에는 이를 이유로 확정판결에 대하여 재심의 청구와 총회특별재심의 청원을 할 수 있다.
4. 전항에 의한 재심의 청구는 확정판결이 있음을 안 날로부터 30일 이내, 판결이 확정된 날로부터 3개월 이내에 제기하여야 한다.

제124조 [재심사유]
다음 중 하나 이상에 해당하는 사유가 있는 경우에는 책벌의 확정 판결에 대하여 그 선고를 받은 자의 이익을 위하여 재심의 청구를 할 수 있다.

1. 원심판결의 증거 된 서류 또는 증거물이 위조 또는 변조된 것이 증명된 때
2. 원심판결의 증거 된 증언, 감정 등이 허위인 것이 증명된 때
3. 무고로 인하여 책벌의 선고를 받은 경우에 그 무고의 죄가 확정판결에 의하여 증명된 때
4. 재판에 관여한 재판국원이 그 사건에 관하여 직권남용, 뇌물수수 등 부정행위를 한 것이 증명된 때
5. 기소의 제기 또는 기소의 기초 된 조사에 관여한 기소위원이 직권남용, 뇌물수수 등 부정행위를 한 것이 증명된 때
6. 판결에 영향을 줄 수 있는 헌법위원회의 해석이 있을 때
7. 판결에 영향을 미칠 중요한 사항에 관하여 판단을 누락한 때
8. 재판국이 중대하고도 명백한 법규적용의 착오를 범한 때

제133조 [총회특별재심의 청원]
특별재심청원권자는 총회 재판국의 확정판결이 중대하고 명백한 헌법 또는 헌법시행규정의 위반에 해당된다고 인정하는 경우에 소속 치리회장을 경유하여 총회에 특별재심을 서면으로 청원할 수 있고, 소속 치리회장이 경유를 거부할 때에는 그 사유를 설명한 서류(부전지)를 첨부하여 총회 개회 전날까지 총회에 직접 청원할 수 있다.

제156조 [제3자의 소송참가]
재판국은 소송의 결과에 따라 권리 또는 이익의 침해를 받을 제3자가 있는 경우에는 당사자 또는 제3자의 신청 또는 직권에 의하여 결정으로써 그 제3자를 소송에 참가시킬 수 있다.

9. 재심청구 (헌법시행규정 제73조)

① 헌법 권징 제128조의 재심청구권자가 재심청구를 함에는 재심청구의 취지 및 재심청구의 사유를 구체적으로 기재한 권징 제10-2호 서식에 의한 재심청구서에 원심판결의 등본, 증거자료 및 증명서를 첨부하여 원심치리회에 제출하고 재심청구를 접수한 치리회는 접수한 날로부터 10일 이내에 재판국으로 송부하여야 한다. 원심치리회라 함은 확정판

결을 한 재판국의 소속한 치리회인 당회, 노회, 총회를 의미한다.

> **제128조 [재심청구권자]**
> 다음에 해당하는 자는 재심의 청구를 할 수 있다.
> 1. 기소위원장
> 2. 책벌의 선고를 받은 자 및 법정대리인
> 3. 책벌의 선고를 받은 자가 사망한 경우에는 그 배우자, 직계친족 또는 형제자매

② 헌법 권징 제124조 재심사유 중 제1항, 제2항, 제4항, 제5항에서 '증명 된 때'라 함은 그 증명이 공공기관의 증명이나 국가법원의 확정판결에 의한 것을 말한다.

> **제124조 [재심사유]**
> 다음중 하나 이상에 해당하는 사유가 있는 경우에는 책벌의 확정 판결에 대하여 그 선고를 받은 자의 이익을 위하여 재심의 청구를 할 수 있다.
> 1. 원심판결의 증거 된 서류 또는 증거물이 위조 또는 변조된 것이 증명된 때
> 2. 원심판결의 증거 된 증언, 감정 등이 허위인 것이 증명된 때
> 3. 무고로 인하여 책벌의 선고를 받은 경우에 그 무고의 죄가 확정판결에 의하여 증명된 때
> 4. 재판에 관여한 재판국원이 그 사건에 관하여 직권남용, 뇌물수수 등 부정행위를 한 것이 증명된 때
> 5. 기소의 제기 또는 기소의 기초 된 조사에 관여한 기소위원이 직권남용, 뇌물수수 등 부정행위를 한 것이 증명된 때
> 6. 판결에 영향을 줄 수 있는 헌법위원회의 해석이 있을 때
> 7. 판결에 영향을 미칠 중요한 사항에 관하여 판단을 누락한 때
> 8. 재판국이 중대하고도 명백한 법규적용의 착오를 범한 때

③ 재심절차는 헌법 권징 제129조에 의한 재심개시절차와 헌법 권징 제130조에 의한 재심심판절차로 2단계의 절차를 거쳐야 하며 재심개시단계에서의 재판국의 기각결정에 대하여 차상급 치리회 재판국에 이의신청(불복)을 할 수 없으며 재심개시결정을 한 후 재심심판단계에서의 판결에 대하여는 재심관할 재판국의 심급에 따라 재판국에 항소 또는 상고

할 수 있다.

> **제129조 [재심에 대한 결정과 당사자의 의견]**
> 1. 재심의 청구에 대하여 결정을 함 에는 청구한 자와 상대방의 의견을 들어야 한다.
> 2. 재심의 청구가 헌법 또는 규정상의 방식에 위반되거나 청구권의 소멸 후인 것이 명백한 때에는 결정으로 기각하여야 한다.
> 3. 재심의 청구가 이유 없다고 인정되는 때에는 결정으로 기각하여야 한다.
> 4. 전항의 결정이 있는 때에는 누구든지 동일한 이유로써 재심을 청구하지 못한다.
> 5. 재심의 청구가 이유 있다고 인정한 때에는 재심개시의 결정을 하여야 한다.

④ 헌법 권징 제124조에 의한 재심의 청구는 책벌의 집행(시벌)을 정지하는 효력이 없다. 단, 헌법 권징 제129조 제5항에 의한 재심개시결정을 하는 경우에는 재심재판국의 결정으로 책벌의 집행(시벌)을 정지할 수 있다.

> **제124조 [재심사유]**
> 다음중 하나 이상에 해당하는 사유가 있는 경우에는 책벌의 확정 판결에 대하여 그 선고를 받은 자의 이익을 위하여 재심의 청구를 할 수 있다.
> 1. 원심판결의 증거 된 서류 또는 증거물이 위조 또는 변조된 것이 증명된 때
> 2. 원심판결의 증거 된 증언, 감정 등이 허위인 것이 증명된 때
> 3. 무고로 인하여 책벌의 선고를 받은 경우에 그 무고의 죄가 확정판결에 의하여 증명된 때
> 4. 재판에 관여한 재판국원이 그 사건에 관하여 직권남용, 뇌물수수 등 부정행위를 한 것이 증명된 때
> 5. 기소의 제기 또는 기소의 기초 된 조사에 관여한 기소위원이 직권남용, 뇌물수수 등 부정행위를 한 것이 증명된 때
> 6. 판결에 영향을 줄 수 있는 헌법위원회의 해석이 있을 때
> 7. 판결에 영향을 미칠 중요한 사항에 관하여 판단을 누락한 때
> 8. 재판국이 중대하고도 명백한 법규적용의 착오를 범한 때

⑤ 헌법 권징 제130조 제1항 "재판국은 그 심급에 따라 다시 심판하여야 한다."에서 "그 심급에 따라"라고 함은 제1심(당회재판국 또는 노회재판국)의 확정판결에 대한 재심은 제1심은(당회재판국 또는 노회재판국) 재판절차에 따라 심판하고, 항소심(노회재판국)의 파기자판의 확정판결에 대한 재심은 항소심 재판절차에 따라서, 상고심(총회재판국)의 파기자판의 확정판결에 대한 재심은 상고심 재판절차에 따라서 각각 심판한다는 의미이다.

상소심(항소심, 상고심)의 상소(항소, 상고)기각 판결의 확정으로 인하여 확정된 하급심의원판결에 대한 재심은 그 하급심의 재판절차에 따라서 심판한다.

제130조 [재심의 심판]
1. 재심개시의 결정이 확정된 사건에 대하여는 재판국은 그 심급에 따라 다시 심판하여야 한다.
2. 재심에서 무죄의 선고를 한 때에는 그 판결을 총회기관지에 게재하여 공고하여야 한다.

---

⑥ 재심의 판결에 대하여 불복이 있을 경우에 헌법 권징 제5장 상소에 따라 다시 심급에 따라 상소할 수 있다. 그러나 헌법 권징 제129조 5항에 의한 재심개시의 결정을 하기 전에 재판인 헌법 권징 제129조 2항의 부적법 기각결정 및 3항의 이유 없음 기각결정에 대하여는 불복하여 이의신청을 할 수 없다.

제129조 [재심에 대한 결정과 당사자의 의견]
1. 재심의 청구에 대하여 결정을 함 에는 청구한 자와 상대방의 의견을 들어야 한다.
2. 재심의 청구가 헌법 또는 규정상의 방식에 위반되거나 청구권의 소멸 후인 것이 명백한 때에는 결정으로 기각하여야 한다.
3. 재심의 청구가 이유 없다고 인정되는 때에는 결정으로 기각하여야 한다.
4. 전항의 결정이 있는 때에는 누구든지 동일한 이유로써 재심을 청구하지 못한다.
5. 재심의 청구가 이유 있다고 인정한 때에는 재심개시의 결정을 하여야 한다.

⑦ 재심의 청구가 재심관할 재판국에 접수되면 원심판결에 관여했던 재판국은 재심재판국원이 될 수 없다.
⑧ 전항의 경우 재심재판국이 당회재판국이면 당회장외에는 다른 당회원으로 재판국을 구성하여야 하며, 당회원의 수가 부족하여 재판국을 구성할 수 없을 때에는 노회재판국에 위탁재판청원을 하여야 한다.
⑨ 제7항의 경우 재심재판국이 노회재판국 또는 총회재판국이면 재심청구를 접수한 원심재판국은 원심판결에 관여한 모든 재판국원의 교체와 보선을 노회 또는 총회(폐회 중에는 임원회)에 요청하여 다른 총대로 재심재판국을 구성하여야 하고 이들 교체 및 보선된 재판국원은 그 재판에 한하여 한시적으로 직무에 종사한다.
⑩ 재심청구가 원심재판국에 접수되면 재판국장은 10일 이내에 교체, 보선이 필요한 재판국원의 명단을 치리회장에게 통보하여야 하고, 치리회장은 통보 받은 날로부터 10일 이내에 보선한 재심재판국원의 명단을 원심재판국에 통보하여 재심재판국을 구성하게 하여야 한다.
⑪ 재심재판국은 국장과 서기 및 회계를 두며 임원은 국원의 호선으로 선임한다.
⑫ 원심재판국은 재심청구의 접수를 거절할 수 없고, 헌법 권징 제129조의 재심청구의 기각 또는 재심개시결정과 헌법 권징 제130조의 재심심판 등 재심에 관한 모든 판단은 재심재판국이 한다.

> **제129조 [재심에 대한 결정과 당사자의 의견]**
> 1. 재심의 청구에 대하여 결정을 함 에는 청구한 자와 상대방의 의견을 들어야 한다.
> 2. 재심의 청구가 헌법 또는 규정상의 방식에 위반되거나 청구권의 소멸 후인 것이 명백한 때에는 결정으로 기각하여야 한다.
> 3. 재심의 청구가 이유 없다고 인정되는 때에는 결정으로 기각하여야 한다.
> 4. 전항의 결정이 있는 때에는 누구든지 동일한 이유로써 재심을 청구하지 못한다.
> 5. 재심의 청구가 이유 있다고 인정한 때에는 재심개시의 결정을 하여야 한다.

> **제130조 [재심의 심판]**
> 1. 재심개시의 결정이 확정된 사건에 대하여는 재판국은 그 심급에 따라 다시 심판하여야 한다.
> 2. 재심에서 무죄의 선고를 한 때에는 그 판결을 총회기관지에 게재하여 공고하여야 한다.

⑬ 재심재판국은 제1차 조직회의를 한 날로부터 4개월 이내에 재심을 종결하여야 한다. 재심재판국이 구성된 이후에 추가, 별도의 재심청구는 재심재판국에 이첩된 날로부터 기산한다.
⑭ 제6항의 의한 재심판결에 불복하여 상소한 경우에는 재심재판국을 구성하지 않고 기존의 노회재판국 또는 총회재판국이 재심판결의 상소사건을 심판한다.
⑮ 헌법 권징 제125조의 재심관할권이 있는 원심재판국이라 함은 재심을 받고자 하는 확정판결을 선고한 재판국을 의미한다. 단, 상소심(항소심, 상고심)의 상소(항소, 상고)기각의 확정판결과 그로 인하여 확정된 하급심의 판결에 대하여 두 개의 확정 판결에 다 재심사유가 있어서 재심청구가 경합하는 경우에 원심재판국이라 함은 확정된 판결을 선고한 하급심의 재판국을 말한다.

> **제125조 [재심의 관할]**
> 재심은 원심재판국이 관할한다.

⑯ 피고인이 청구한 재심에는 원심판결의 책벌보다 중한 책벌을 선고하지 못한다.
⑰ 헌법 권징 제129조의 재심청구의 기각결정문과 재심개시결정문은 권징 제8-3호 서식으로 하고, 헌법 권징 제130조의 재심의 심판 중 권징책벌 사건의 판결문은 권징 제8-1 서식으로 하고, 행정쟁송사건의 판결문은 권징 제8-2호 서식으로 한다.

> **제129조 [재심에 대한 결정과 당사자의 의견]**
> 1. 재심의 청구에 대하여 결정을 함 에는 청구한 자와 상대방의 의견을 들어야 한다.
> 2. 재심의 청구가 헌법 또는 규정상의 방식에 위반되거나 청구권의 소멸 후인 것이 명백한 때에는 결정으로 기각하여야 한다.
> 3. 재심의 청구가 이유 없다고 인정되는 때에는 결정으로 기각하여야 한다.
> 4. 전항의 결정이 있는 때에는 누구든지 동일한 이유로써 재심을 청구하지 못한다.
> 5. 재심의 청구가 이유 있다고 인정한 때에는 재심개시의 결정을 하여야 한다.
>
> **제130조 [재심의 심판]**
> 1. 재심개시의 결정이 확정된 사건에 대하여는 재판국은 그 심급에 따라 다시 심판하여야 한다.
> 2. 재심에서 무죄의 선고를 한 때에는 그 판결을 총회기관지에 게재하여 공고하여야 한다.

행정쟁송재판절차

1. 행정쟁송의 일반적인 원칙

행정쟁송사건의 소가 제기되면 관할 재판국이 어디인지 여부를 확인한다.
① 당사자관계를 면밀히 살핀다.
- 원고의 적격여부
- 피고의 적격여부
② 사건의 당회원, 노회원의 적격 여부
- 결의가 합당하게 되었는지 여부 (당회원 정족수 여부확인)
- 결의가 합당하게 되었는지 여부 (노회원 정족수 여부확인)
③ 신청사건의 경우 (결정, 명령사건)
- 신청인 적격 여부
- 피신청인 적격 여부

④ 헌법 제2편 정치편의 법규내용에 맞는지 여부 확인
- 목사청빙의 절차에 하자가 있는지 여부 확인
- 당회의 결의가 적법하게 이루어지는 여부 확인
- 회의 절차가 적법하게 이루어지는 여부 확인 (제직회, 공동의회, 노회)
- 당사자의 자격의 적격여부확인 (목사, 장로, 집사, 권사, 등, 부총회장, 노회장)
- 선거방식의 적격여부확인

2. 행정소송의 대상 (권징 제151조)

행정소송은 치리회장이 행한 행정행위를 대상으로 한다.

> **제151조 [행정소송의 대상]**
> 행정소송은 치리회장이 행한 행정행위를 대상으로 한다.

3. 행정소송의 종류 (권징 제152조)

① 취소소송은 치리회장이 행한 헌법 또는 규정에 위반한 행정행위의 취소 또는 변경하는 소송이다.
② 무효 등 확인소송은 치리회장이 행한 행정행위의 효력 유무 또는 존재 여부를 확인하는 소송이다.

> **제152조 [행정소송의 종류]**
> 행정소송은 다음과 같이 구분한다.
> 1. 취소소송 : 치리회장이 행한 헌법 또는 규정에 위반한 행정행위의 취소 또는 변경하는 소송
> 2. 무효 등 확인소송 : 치리회장이 행한 행정행위의 효력 유무 또는 존재 여부를 확인하는 소송

4. 행정소송의 재판관할 (권징 제153조)

① 행정소송은 재판관할은 피고소속 치리회의 차상급 치리회의 재판국이 된다.
② 노회재판국의 재판에 대하여는 총회재판국에 상고할 수 있다.
③ 총회장의 처분에 대한 행정소송은 총회각부 주장, 상임위원장으로 구성된 특별심판위원회에서 심의 판단한다.
④ 총회특별심판위원회의 결정에 대하여 총회임원회에 이의신청을 할 수 있고, 이 경우 총회임원회는 총회특별심판위원회를 재구성하여 재심판하게 한다.
⑤ 특별심판위원회의 구성, 운영에 대하여는 헌법시행규정으로 정한다.

제153조 [재판관할]
1. 행정소송의 재판관할은 피고 소속 치리회의 차상급 치리회의 재판국이 된다.
2. 노회재판국의 재판에 대하여는 총회재판국에 상고할 수 있다.
3. 총회장의 처분에 대한 행정소송은 총회 각부 부장, 상임위원장으로 구성된 특별심판위원회에서 심의, 판단한다.
4. 총회특별심판위원회에서 결정에 대하여 총회 임원회에 이의신청을 할 수 있고, 이 경우 총회 임원회는 총회특별심판위원회를 재구성하여 재심판하게 한다.
5. 특별심판위원회의 구성, 운영에 대하여는 헌법 시행 규정으로 정한다.

---

5. 행정소송의 원고 적격 여부 (권징 제154조)

① 취소소송은 치리회장의 위법한 행정행위로 인하여 권리 또는 이익이 침해당한 자가 제기할 수 있다. 행정행위의 효과가 기간의 경과 등으로 인하여 소멸된 뒤에도 그 행정행위의 취소로 인하여 회복되는 헌법 또는 규정상 이익이 있는 자의 경우에는 또한 같다.
② 무효 등 확인소송은 행정행위의 효력 유무 또는 존재 여부에 대한 확인을 구하는 소송으로써 치리회장의 중대하고 명백한 위법한 행정행위로 인하여 권리 또는 이익이 침해당한 자가 제기할 수 있다.

제154조 [원고적격]
1. 취소소송은 치리회장의 위법한 행정행위로 인하여 권리 또는 이익이 침해당한 자가 제기할 수 있다. 또는 이익이 있는 자가 제기할 수 있다. 행정행위의 효과가 기간의 경과 등으로 인하여 소멸된 뒤에도 그 행정행위의 취소로 인하여 회복되는 헌법 또는 규정상 이익이 있는 자의 경우에는 또한 같다.
2. 무효 등 확인소송은 행정행위의 효력 유무 또는 존재 여부에 대한 확인을 구하는 소송으로써 치리회장의 중대하고 명백한 위법한 행정행위로 인하여 권리 또는 이익이 침해당한 자가 제기할 수 있다.

6. 행정소송의 피고 적격 및 경정 (권징 제155조)

① 행정소송은 그 행정행위를 행한 치리회장을 피고로 한다. 다만, 행정행위가 있은 뒤에 그 행정행위에 관계되는 권한이 다른 치리회장에게 승계된 때에는 이를 승계한 치리회장을 피고로 한다.
② 원고가 피고를 잘못 지정한 때에는 재판국은 원고의 신청 또는 직권에 의하여 결정으로써 피고를 경정할 수 있다.
③ 재판국이 전항의 규정에 의하여 피고의 경정결정을 한 때에는 그 결정정본을 새로운 피고에게 송달하여야 한다.
④ 제2항의 규정에 의한 결정이 있은 때에는 새로운 피고에 대한 소송은 처음에 소를 제기한 때에 제기한 것으로 본다.

제155조 [피고적격 및 경정]
1. 행정소송은 그 행정행위를 행한 치리회장을 피고로 한다. 다만, 행정행위가 있은 뒤에 그 행정행위에 관계되는 권한이 다른 치리회장에게 승계된 때에는 이를 승계한 치리회장을 피고로 한다.
2. 원고가 피고를 잘못 지정한 때에는 재판국은 원고의 신청 또는 직권에 의하여 결정으로써 피고를 경정할 수 있다.
3. 재판국이 전항의 규정에 의하여 피고의 경정결정을 한 때에는 그 결정정본을 새로운 피고에게 송달하여야 한다.

4. 제2항의 규정에 의한 결정이 있은 때에는 새로운 피고에 대한 소송은 처음에 소를 제기한 때에 제기된 것으로 본다.

7. 제3자의 소송참가 (권징 제156조)

재판국은 소송의 결과에 따라 권리 또는 이익의 침해를 받을 제3자가 있는 경우에는 당사자 또는 제3자의 신청 도는 직권에 의하여 결정으로써 그 제3자를 소송에 참가시킬 수 있다.

제156조 [제3자의 소송참가]
재판국은 소송의 결과에 따라 권리 또는 이익의 침해를 받을 제3자가 있는 경우에는 당사자 또는 제3자의 신청 또는 직권에 의하여 결정으로써 그 제3자를 소송에 참가시킬 수 있다.

8. 소의 제기 및 제기기간 (권징 제157조)

① 소의 제기는 소장을 재판국에 제출함으로써 한다.
② 취소소송은 행정행위가 있음을 안 날로부터 60일을, 행정행위가 있은 날로부터 120일 경과하면 이를 제기하지 못한다. 단, 정당한 사유가 있는 경우에는 그러하지 아니하며 정당한 사유에 대하여 헌법시행규정으로 정한다.

제157조 [소의 제기 및 제기기간]
1. 소의 제기는 소장을 재판국에 제출함으로써 한다.
2. 취소소송은 행정행위가 있음을 안 날로부터 60일을, 행정행위가 있은 날로부터 120일을 경과하면 이를 제기하지 못한다. 단, 정당한 사유가 있는 경우에는 그러하지 아니하며 정당한 사유에 대하여는 헌법시행규정으로 정한다.
3. 무효 등 확인소송은 행정행위가 있음을 안 날로부터 2년을, 행정행위가 있은 날로부터 5년을 경과하면 이를 제기하지 못한다. 전항 단서를 준용한다.

9. 직권심리 (권징 제161조)

재판국은 필요하다고 인정할 때에는 직권으로 증거조사를 할 수 있고, 당사자가 주장하지 아니한 사실에 대하여는 판단할 수 있다. 그러나 책벌재판의 경우는 증거조사는 반드시 피고인의 신문이 되어야 할 수 있다. (헌법시행규정 제68조)

> **권징 제161조 [직권심리]**
> 재판국은 필요하다고 인정할 때에는 직권으로 증거조사를 할 수 있고, 당사자가 주장하지 아니한 사실에 대하여도 판단할 수 있다.
>
> **헌법시행규정 제68조 [증거조사]**
> 증거조사는 피고인에 대한 신문이 종료된 후에 하여야 한다. 단, 필요한 때에는 신문중에도 이를 할 수 있다.

10. 취소판결 등의 기속력 (권징 제162조)

① 행정행위를 취소하는 확정판결은 그 사건에 관하여 당사자인 치리회장 및 그 밖의 관계 재판국 등을 기속한다.
② 판결에 의하여 취소되는 행정행위가 당사자의 신청을 거부하는 것을 내용으로 하는 경우에는 그 행정행위를 행한 치리회장은 판결의 취지에 따라 다시 이전의 신청에 대한 행정행위를 하여야 한다.

> **제162조 [취소판결 등의 기속력]**
> 1. 행정행위를 취소하는 확정판결은 그 사건에 관하여 당사자인 치리회장 및 그 밖의 관계 재판국 등을 기속한다.
> 2. 판결에 의하여 취소되는 행정행위가 당사자의 신청을 거부하는 것을 내용으로 하는 경우에는 그 행정행위를 행한 치리회장은 판결의 취지에 따라 다시 이전의 신청에 대한 행정행위를 하여야 한다.

11. 결의 취소의 소 (권징 제163조)

① 치리회의 소집절차, 결의방법, 그 결의의 내용이 헌법 또는 규정에 위반된다고 인정할 때에는 당해 치리회 회원은 결의의 날로부터 60일 내에 치리회장을 피고로 하여 결의 취소의 소를 치리회를 경유하여 치리회의 차상급 치리회 재판국에 제기할 수 있다.
② 제153조, 제160조, 제161조의 규정은 제1항의 결의 취소의 소에 이를 준용한다.

제163조 [결의 취소의 소]
1. 치리회의 소집절차, 결의 방법, 그 결의의 내용이 헌법 또는 규정에 위반된다고 인정할 때에는 당해 치리회 회원은 결의의 날로부터 60일 내에 치리회장을 피고로 하여 결의 취소의 소를 치리회를 경유하여 치리회의 차상급 치리회 재판국에 제기할 수 있다.
2. 제153조, 제160조, 제161조의 규정은 제1항의 결의 취소의 소에 이를 준용한다.

제153조 [재판관할]
1. 행정소송의 재판관할은 피고 소속 치리회의 차상급 치리회의 재판국이 된다.
2. 노회재판국의 재판에 대하여는 총회재판국에 상고할 수 있다.
3. 총회장의 처분에 대한 행정소송은 총회 각부 부장, 상임위원장으로 구성된 특별심판위원회에서 심의, 판단한다.
4. 총회특별심판위원회에서 결정에 대하여 총회 임원회에 이의신청을 할 수 있고, 이 경우 총회 임원회는 총회특별심판위원회를 재구성하여 재심판하게 한다.
5. 특별심판위원회의 구성, 운영에 대하여는 헌법 시행 규정으로 정한다.

제160조 [소의 취하]
소는 판결의 확정에 이르기까지 그 전부나 일부를 서면으로 취하할 수 있다.

제161조 [직권심리]
재판국은 필요하다고 인정할 때에는 직권으로 증거조사를 할 수 있고, 당사자가 주장하지 아니한 사실에 대하여도 판단할 수 있다.

12. 결의 무효 확인의 소 (권징 제164조)

① 치리회의 소집절차, 결의방법, 그 결의의 내용이 중대하고 명백하게 헌법 또는 규정에 위반된다고 인정할 때에는 당해 치리회 회원은 치리회장을 피고로 결의무효 확인의 소를 치리회를 경유하여 치리회의 차상급 치리회 재판국에 제기할 수 있다.
② 제153조, 제157조, 제160조, 제161조의 규정은 제1항의 소에 이를 준용한다.

제164조 [결의 무효확인의 소]
1. 치리회의 소집절차, 결의 방법, 그 결의의 내용이 중대하고 명백하게 헌법 또는 규정에 위반된다고 인정할 때에는 당해 치리회 회원은 치리회장을 피고로 하여 결의무효 확인의 소를 치리회를 경유하여 치리회의 차상급 치리회 재판국에 제기할 수 있다.
2. 제153조, 제157조 3항, 제160조, 제161조의 규정은 제1항의 소에 이를 준용한다.

제153조 [재판관할]
1. 행정소송의 재판관할은 피고 소속 치리회의 차상급 치리회의 재판국이 된다.
2. 노회재판국의 재판에 대하여는 총회재판국에 상고할 수 있다.
3. 총회장의 처분에 대한 행정소송은 총회 각부 부장, 상임위원장으로 구성된 특별심판위원회에서 심의, 판단한다.
4. 총회특별심판위원회에서 결정에 대하여 총회 임원회에 이의신청을 할 수 있고, 이 경우 총회 임원회는 총회특별심판위원회를 재구성하여 재심판하게 한다.
5. 특별심판위원회의 구성, 운영에 대하여는 헌법 시행 규정으로 정한다.

제157조 [소의 제기 및 제기기간]
1. 소의 제기는 소장을 재판국에 제출함으로써 한다.
2. 취소소송은 행정행위가 있음을 안 날로부터 60일을, 행정행위가 있은 날로부터 120일을 경과하면 이를 제기하지 못한다. 단, 정당한 사유가 있는 경우에는 그러하지 아니하며 정당한 사유에 대하여는 헌법시행규정으로 정한다.
3. 무효 등 확인소송은 행정행위가 있음을 안 날로부터 2년을, 행정행위가 있은 날로부터 5년을 경과하면 이를 제기하지 못한다. 전항 단서를 준용한다.

> **제160조 [소의 취하]**
> 소는 판결의 확정에 이르기까지 그 전부나 일부를 서면으로 취하할 수 있다.
>
> **제161조 [직권심리]**
> 재판국은 필요하다고 인정할 때에는 직권으로 증거조사를 할 수 있고, 당사자가 주장하지 아니한 사실에 대하여도 판단할 수 있다.

기본용어 정리

① 항소
1심법원 '판결'에 불복하여 2심법원에 다시 판단을 구하는 것

② 상고
2심법원 '판결'에 불복하여 3심법원에 다시 판단을 구하는 것

③ 항고
'판결'이 아닌 '결정'이나 '명령'에 대한 불복

④ 상소
항소, 상고, 항고 등의 모든 내용을 모두 포괄하는 것

◆ 상소기간
항소에 대한 판결에 대한 상소기간
① 민사재판은 판결서가 송달된 날로부터 2주 이내에
② 형사재판은 판결이 선고된 날로부터 1주 이내에 상소장을 원심법원에 제출하여야 한다.
항고에 대한 '결정'이나 '명령'에 대한 상소기간
③ 즉시항고의 경우 민사사건은 고지된 날로부터 1주일 이내, 형사사건은 고지된 날로부터 3일 이내에 원심법원에 제출하여야 한다.

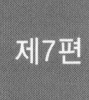

제7편 총회 헌법위원회 해석 모음

임기

임시당회장 임기는 통상적으로 후임자 결정 때까지이며, 1년을 초과했을 경우 노회(폐회 중에는 임원회나 정치부)의 허락을 받아야 한다.

기간 계산

▶ 고소 및 고발에 의한 사건 처리 기간
- 헌법 제3편 권징 제62조(고소 및 고발에 의한 사건의 처리)의 최대 기간인 60일을 초과해도 되는지?

헌법 제3편 권징 제62조(고소 및 고발에 의한 사건의 처리)에 의거 정당한 사유가 있을 시 연장할 수 있다.
 －서동노 제90-122호, 헌법(고소 및 고발에 의한 사건의 처리 기간)해석 요청 건

총대 자격

▶ 당회에서 결의되지 않은 장로 총대가 노회의 회원이 될 수 있는지

"헌법 제2편 제10장 제68조(당회의 직무) 6항에 의거 당회에서 결의되지 않은 총대는 노회의 회원이 될 수 없다."
 - 평노 제181-4호, 헌법해석 질의 건(2014.10.27.)

▶ 헌법 제11장(노회) 제73조(노회의 조직) 3항과 헌법시행규정 제31조(당회의 폐지와 치리권)에 관련한 '상회 총대 파송'에 대한 질의로 최초의 장로를 1인 임직한 교회의 장로(시무장로 1인)가 임직 후, 돌아오는 차기 정기노회의 상회 총대권이 인정되는지

"헌법 제2편 정치 제64조(당회의 조직), 제65조(당회의 폐지), 헌법시행규정 제31조(당회 폐지와 치리권)에 의거 당회 미조직교회이므로 상회 총대권은 없다."
 - 경동 제141-5호, 헌법해석 질의 건(2014.10.14.)

▶ 노회에서 탈퇴한 지교회가 해당 노회와 별도로 귀 총회 구성원이 될 수 있는지

헌법 제2편 정치 제84조(총회의 조직) '총회는 각 노회에서 동수로 파송한 총대 목사와 총대 장로로 조직한다'에 의거 노회를 탈퇴한 교회는 총회의 구성원이 될 수 없다.
 - 대구지방법원 이영화 판사가 제출한 "사실조회서(2014나 5409, 소유권 이전등기 등, 2014.10.13.)

총회총대 선출방법

▶ 시찰회는 위임목사 담임목사 부목사 그리고 시무장로로 구성되어 있는바 전도

목사 기관목사 선교목사 선교동역자를 제외하고 해 시찰회에서 선택한 분들이 합법적인 자격이 있는지

노회의 총회 총대 선출은 노회에서 선출하여야 하며, 시찰회에서 안배하는 경우 그 수는 전체 총대수의 반수를 넘지 않아야 하며, 그 시찰회에서 추천되더라도 노회에서 인준을 받아야 한다.

당회 관련

▶ 치리회장(당회장, 노회장)이 판결의 집행의무를 이행하지 아니하는 경우에는 최종 누가 집행하는 것이 적법한지

"헌법 권징 제7장(시벌 및 해벌) 제142조(시벌방법) 제3항, 제5장(상소) 제3절(상고) 제120조(집행과 종국판결) 제4항에 의거 총회장이 한다."
-경동 제144-98호 / 헌법해석 질의(2016.9.8.) 건

▶ A교회 당회장인 재항고인이 고의적으로 정상적인 당회를 열지 않아 부목사를 전도목사로서의 청빙 결의한 것과 관련하여 그 지위(전도목사)가 결의 무효되었을 때, 그 지위가 부목사인 것이 적법한지

"헌법시행규정 제18조(부목사, 전도사의 연임청원) 제3항에 의거 적법하다 (부목사)"
- 경동 제144-98호 / 헌법해석 질의(2016.8.5.) 건

▶ 상당한 제직회 회계의 부정확한 예산집행을 확인하기 위한 제직회의 결의인 특별감사와 특별감사위원 조직은 적법한지

▶ 제직회장으로서 결의하고 공포한 사실을 총회 유권해석을 받은 양 자기주장을 담아 공예배시간에 일방적으로 영문도 모르는 성도들에게 제직회에서 결의한

특별감사위원 선출이 불법이므로 특감이 불가하다고 광고한 사실은 타당한지 병합) 헌법 정치 제13장 제91조 4항 '제직회 회장은 당회장이 되고, 서기와 회계는 회에서 선정하며, 필요에 따라 부서를 둘 수 있다'에 의하여 제직회에서 필요에 따른 부서를 둘 수 있으나, 감사에 관한 건은 재정 감독권이 있는 당회에 있음으로 제직회에서 특별감사위원회를 둘 수는 없다.

▶ 부당한 재정을 집행하고 시행한 재정부장과 또한 그 금액을 수뢰한 담임목사가 그 제직회를 주재하고 파행시키는 행위를 제재할 수 있는 법적근거는 어떠한지

헌법 제3편 권징 제3조(권징의 사유가 되는 죄과)에 의거 책벌할 수 있다.
- 이상 강원노회 제123-27호, 헌법해석에 관한 질의(2014.11.14.)

▶ 담임목사가 공석 중에 있으므로 현재 시무중인 전임전도사를 당회원들과 제직들의 합의로 목사안수 후 담임목사로 노회에 청빙 청원을 하고자 합니다. 이 경우 목사 안수 자격을 갖춘 전임전도사를 목사안수 후 담임목사 청빙 청원하여 허락을 받는데 적합한지

시무중인 전임전도사는 후임 담임목사로 청빙이 가능하다.
- 전북노 제163-20호, 헌법해석 질의(2014.11.26.) 건

▶ 총회 헌법 제43조 제1항에 따라 자의사임한 시무장로들이 〈총회 헌법〉 제47조(장로의 복직) 제1항 및 헌법시행규정 제15조(교회의 직원 및 유급종사자) 제1항에 따라서 시무장로 복직절차를 합법적으로 거치지 아니한 채 임의로 다시 시무장로로서 당회에 복귀할 수 있는 것인지

당회에 사임서(사직서)를 제출하지 않았다면 사임으로 볼 수 없으므로 즉시 당회에 복귀시켜야 한다.

- 평양노회 두레교회 박영호 장로 외 7인이 제출한 "질의서(당회원 시무장로 자의사임 후 복귀 건, 2014.9.30.)".

▶ 헌법에 의한 항존직의 자격이 무효로 될 사유가 있어 본인에게 문서(첨부1)로 이에 대한 확인을 요청하였으나 당사자는 첨부2와 같이 답변하여와 그 사실을 인정하였다. 이에 당회장은 당사자에게 자동 해직됨을 통보할 수 있는지

헌법시행규정 제26조(직원의 선택) 9항에 의거 항존직의 자격이 무효로 확인되었다는 뜻은 행정소송을 통해서 판단된 것을 의미하므로, 자격무효유무는 행정소송을 통하여 확인되었을 때 통보하는 것이다.
- 서울서노회 희성교회 우OO 은퇴장로가 제출한 "헌법질의 요청(2014. 12.3.)"건

▶ 당회가 구성되지 않은 교회 목사가 위임목사청빙을 노회에서 허락받아 위임식을 거행하였는데 이 절차는 적법한 것인지

헌법 제2편 정치 제27조(목사의 칭호), 제28조(목사의 청빙과 연임청원) 1항 '조직교회는 위임목사를 청빙할 수 있다'에 의거 미조직교회에서는 위임목사를 청빙할 수 없다.

▶ 위 목사가 무임목사의 위치에서 실행한 장로임직은 적법한 절차였는지

무임목사의 위치에서 장로 임직을 실행할 수 없으나, 이 경우에는 헌법시행규정 제26조(직원선택) 9항에 의거 귀책사유가 장로 본인에게 있지 않으므로 장로임직은 적법하다.

▶ 본인의 위임결의를 위한 제직회 사회를 당사자가 할 수 있는지

본인이 위임결의를 위한 제직회 사회를 할 수 없다.

▶ 당회가 구성되어 있지 않은 교회에서 투표를 생략하고 박수로 인준하였는데 이것이 적법인지 불법인지

헌법 정치 제6장(장로) 제41조(장로의 선택) 1항 '장로의 선택은 노회의 허락을 받아 공동의회에서 총 투표수의 3분의 2이상의 득표로 선출한다.' 2항 '당회에서 후보자를 추천할 수 있다.' 헌법시행규정 제26조(직원 선택) 1항 '장로, 집사, 권사를 선택할 때 당회에서 후보자를 추천할 수 있다. 헌법 정치 제41조 2항(당회 추천)의 경우 반드시 당회장(대리당회장)이 참석하여야 하고, 헌법 정치 제64조 2항(세례교인 비례)을 지켜야 한다.'에 의거 당회(헌법 정치 제67조 4항 미조직 교회의 당회권은 당회장이 행사한다)에서 장로 후보를 추천할 수 있으나, 공동의회에서 일괄적 가부로 선출할 수 없으며, 개별적으로 찬반 표시하여 총 투표수 3분의 2이상의 찬성을 얻어야 한다.
 - 익산노회장 윤갑수 목사가 제출한 "익산노회 제11-70호, 헌법 해석 질의 건(2015.10.14.)"

적용범위/귀책사유

▶ '항존직의 자격무효 확인'에 의거하여 장로고시 무효확인판결에도 불구하고 귀책사유가 본인(이OO, 강OO)들에게 없음으로 이OO, 강OO 장로는 여전히 시무장로의 지위는 유지되고 있는지

귀책사유가 본인에게 없으므로 시무장로의 직위는 유지된다.

▶ '헌법시행규정 제26조 9항 항존직의 자격이 원인무효'로 확인되었을 때에 당회장은 즉시 당사자에게 자동 해직되었음을 통지하고 당회에 보고한 후 항존직 명부에서 삭제한다. 단, 귀책사유가 본인에게 있지 않을 때는 해직할

수 없다. 라는 규정을 지키지 않고 현재 불법적으로 선임된 대리당회장이 임의로 시무장로를 박탈하고 당회를 참석시키지 않는데 이는 헌법에 위배되는 것인지 (적극)

헌법에 위배된다.

대리당회장 권한

▶ OO교회 정관(제4조 권징)에 있다고 할지라도 대리당회장(헌법시행규정 제30조 2항 참조)이 장로, 권사, 집사들을 6개월간 시무를 정지하고 교회당 출입을 금지하는 결정을 하였다면 총회 헌법에 위배되는 것인지

헌법에 위배된다.

노회 관련

▶ 개회 성수가 되지 않아 산회되었는데, 다음 노회 개회는 어떤 절차에 따라 해야 하는지

임원회가 일시, 장소를 정하여 소집할 수 있다.
- 서울강남노회장 강홍구 목사가 제출한 "서강남 제54-130호, 노회 산회에 따른 질의" 건(2014. 11. 17.)

▶ 마감일이 임박한 목회자후보생고시 응시자와 신학계속허락 청원자에 대한 노회장 추천서는 어떻게 할 수 있는지

임원회의 결의로 할 수 있다.
-서울강남노회장 강홍구 목사가 제출한 "서강남 제54-130호, 노회 산회

에 따른 질의"건(2014.11.17.)

▶ 개회 성수가 되지 않아 산회되었는데, 목사안수식을 갖지 못한 군종후보생들의 안수식은 어떻게 해야 하는지 그 적법성 여부

개회 성수가 되지 않아 산회되어 긴급한 사항이므로 노회 임원회이 결의로 할 수 있다.
　-서울강남노회장 강홍구 목사가 제출한 "서강남 제54-130호, 노회 산회에 따른 질의"건(2014.11.17.)

▶ 고시위원회를 통과한 장로의 임직식은 가능한지

개회 성수가 되지 않아 산회되어 긴급한 사항이므로 노회 임원회의 결의로 할 수 있다.
　-서울강남노회장 강홍구 목사가 제출한 "서강남 제54-130호, 노회 산회에 따른 질의"건(2014.11.17.)

노회 탈퇴 번복 절차의 적법성

▶ 일정한 절차에 의하여 일곡중앙교회 탈퇴 건에 대하여 탈퇴를 번복케 하여 노회 회원교회로 남아 헌신키로 결의한 노회 결의가 대한예수교장로회 총회 헌법에 적법한 절차였는지 여부(적극)

노회의 결의가 유효하다.

총회 재판국 재판

▶ 2013년 8월 12일 총회 재판국에서 J 목사의 위임 무효판결이 나오자 J 목사는

2013년 8월 16일 당회 재판국을 열어서 본인이 당회 재판국장을 맡아 L 장로를 면직 출교하는 판결을 하였습니다. 이는 2015년 7월 8일(예장총 제99-1044) 헌법위원회의 헌법해석 "헌법 제3편 권징 제34조 2항에 의거 총회 재판의 판결은 선고한 날로 확정된다"에 의거 J 목사의 당회장권 상실 시점이 2013년 8월 12일인 바 2013년 8월 16일 당회 재판국의 판결은 원천 무효인 것입니다. 그러므로 불법재판으로 이루어진 L 장로에 대한 면직 출교 판결은 당연히 무효가 되는 것으로 사료됩니다. 이형규 장로에 대한 면직 출교 판결은 무효입니까? 무효가 아닙니까?

"헌법 권징 제3장(일반소송절차) 제34조(판결의 확정) 2항 '총회 재판의 판결은 선고한 날로 확정된다.'에 의거 무효이다."
 – 서울남노회 H교회 대리당회장 L 목사 외 4인이 제출한 "H교회 관한 헌법 해석 질의(2015.9.23.)" 건

▶ 수습전권위원회의 활동 중에 '총회 재판국의 최종판결 결정으로 인하여 자동해체 된다.'고 판결을 받은 것이 총회 재판국의 판결결정으로써 자동해체가 되는 것이 적법한지

"헌법 정치 제9장(치리회) 제63조(치리회의 권한) 4항, 헌법시행규정 제33조(교회 및 노회 수습) 1항에 의거 노회의 결의에 의해 구성된 수습전권위원회를 총회 재판국이 해체하라고 할 수 없다."
 –경동 제144-131호, 헌법 질의 건(2016.9.8.)

▶ K노회 치리회장을 상대로 한 행정소송에서 '치리회장의 행정행위에 대하여 총회 재판국으로부터 무효임을 확인한다'는 판결주문을 받았을 때, 행정행위와 함께 권징으로써 치리회장과 임원인 부노회장을 함께 처벌 또는 가중처벌하는 것이 적법한지

▶ 총회 재판국의 최종판결로 "대리당회장의 결정이나 결의가 무효하다."라고 했을 때, 대리당회장이 행정행위는 권징으로써 처벌 또는 가중처벌을 가하는 것이 적법한지

"헌법 권징 제4장(제1심 소송절차) 제1절(고소 및 고발) 제54조의 3[고소(고발) 및 기소의뢰의 제한]에 의거 책벌 대상이 되지 않는다."
-경동 제144-131호, 헌법해석 질의 건(2016. 9. 8.)

▶ 총회 재판국이 최종 판결을 할 때, 피고에게 최종판결시에 최후변론이나 증인으로 출석요구를 하지 않아도 되는지, 또한 심의나 최종 판결시에 날짜와 장소를 피고에게 고지하지 않고 판결을 할 수 있는지

상고 재판국의 경우에는 무변론으로 가능하나, 총회 재판국의 1심 판결일 경우에는 변론 없이 판결하는 것은 위법이다.
-경동 제141-5호, 헌법해석 질의 건(2014. 10. 14.)

▶ 총회 재판국의 허락과 묵인하에 '자문위원'이라는 직함을 가지고 개인의 자격으로 재판국 회의에 참석하고, 직간접으로 판결에 영향을 준 판결에 대하여 그 효력이 발행될 수 있는지

그 판결이 전면적으로 무효라고 판단할 수 없으나, 영향을 미쳤는지의 여부는 재판국에서 판단할 일이다.
- 경동 제141-5호, 헌법해석 질의 건(2014. 10. 14.)

▶ '단순한 거짓말'이 헌법 제3편 권징 제3조 1항 '성경상의 계명위반죄'로 처벌 가능한 것인지

단순 거짓말이 헌법 제3편 권징 제3조 1항 '성경상의 계명위반죄'로 처벌

가능한 것인지 여부는 재판국에서 판단할 일이다.
  －서울서노회장 이용희 목사가 제출한 "서노 제91-02호, 헌법질의해석 요청(2014.10.22.)" 건

▶ 총회장 임기가 종료됨 상태에서 총회장시 처리한 행정행위에 대한 행정소송 소장이 제출된 경우에 총회 특별심판위원회를 구성할 수 있는지 여부와 후속 절차 진행여부 (적극)

헌법 제3편 권징 제153조(재판관할) 3항에 의거 특별심판위원회를 구성할 수 있으며, 제155조(피고적격 및 경정) 1항에 의거 이를 승계한 치리회장을 피고로 한다.

▶ ○○교회 안수집사회가 ○○교회 당회에 재판을 요청하였으나 당회가 재판을 진행할 수 없어서 ●●노회에 위탁재판을 청원하였습니다. ○○교회는 이에 따른 재판비용 100만원을 노회에 입금하였습니다. 그러나 피고소인들은 안수집사회가 당회에 재판비용 50만원을 입금하지 않았기에 이번 기소 건은 기각하여야 한다고 주장합니다. 본 기소 건에 대하여 어떻게 처리해야 하는지 묻고 싶습니다. 그렇다면 미비된 서류(안수집사회가 재판비용 50만원 납부 후)를 보충하여 다시 기소를 진행할 수 있는지

재판비용을 입금하지 않은 기소권에 대하여는 재판비용을 납부하고 진행하면 된다.
  － 충노대외 제61-39호, 헌법해석 질의(2014.11.25.) 건

▶ 당회(대리당회장)가 이첩시한일 10일 이내에 소장을 차상급 치리회(서울서노회)에 송부하지 아니하였을 때 이해당사자인 원고가 헌법 권징편 제4조(재판의 원칙) 제1항 '모든 교인(직원)은 재판을 받아 자기를 방어할 권리를 가진다'에서 규정하고 있는 자기방어권의 행사를 위하여 차상급치리회에 소장을 직

접 제출하는 것은 적법한 절차가 아닌지, 만약 아니라면 어떤 절차를 통하여 구제를 받을 수 있는지

헌법시행규정 제76조(행정소송의 방식과 판결) 1항 및 제36조(헌법위원회의 구성, 권한, 질의해석, 헌법개정) 2항에 의거 부전절차로 차상급 치리회에 제출할 수 있다.
– 서울서노회 H교회 배효원 집사가 제출한 "헌법질의 요청(2014.12.10.)" 건

▶ 총회 재판국 권징분과(이하 '총회 재판국'이라 함)에서 재항고인의 재항고 건에 대하여 총회 헌법에서 명시하고 있는 60일 이내가 아닌 "6개월 이상 (2015.11.25. ~ 2016.6.8.) 기소명령을 내린 것"은 적법한지

"헌법 권징 제4장(제1심 소송절차) 제2절(기소) 제66조(재판국의 결정) 제1항에 의거 60일을 지키지 않았다면 적법하지 않다."
– 경동 제144-98호 / 헌법해석 질의(2016.8.5.) 건

▶ 총회 재판국에서 재항고 사건에 대하여 노회 기소위원회로 기소명령을 하면서 "책벌의 범위 즉, 면직출교, 3년 이상 상회 총대 파송금지, 목사 정직 2년, 노회 기소위원회 해산 등을 결정하여 기소를 명령한 것"이 적법한지

"적법하지 않다"
– 경동 제144-98호 / 헌법해석 질의(2016.8.5.) 건

▶ 총회 재판국에서 행정쟁송과 관련하여 무효 판결통보된 사실에 대하여 (당사자에게도 통보되었음) "서기가 본인에게 통보하지 않았다하여 총회 재판국의 판결에 순응하지 않은 죄과를 적용하는 것"은 적법한지

"적법하지 않다"

-경동 제144-98호 / 헌법해석 질의(2016.8.5.) 건

▶ 노회 기소위원회에서 재항고인의 부전지에 의한 고소(발)장 접수 당시 헌법에서 규정하고 있는 절차에 따라 반려(2015.11.16.)한 것에 대하여 총회 재판국에서는 새로이 개정되어 공포(2015.12.8.)된 헌법을 적용하여 판단하고 결정한 것이 적법한지

"헌법 권징 부칙 제1조에 의거 적법하지 않다. 개정헌법은 공포 후 효력이 발생한다"
-경동 제144-98호 / 헌법해석 질의(2016.8.5.) 건

▶ 총회 재판국이 재항고된 사건에 대하여, 기소되지 않은 재항고 사건을 총회 재판국이 직접 조사하여 자판하는 것이 적법한지

"적법하지 않다"
-경동 제144-98호 / 헌법해석 질의(2016.8.5.) 건

▶ 국가법(D지방법원 K지원 민사부)에서 결정하여 소집된 회의를 "교회수습전권위원장과 서기가 막지 못했다"는 이유로 "총회 헌법과 제규정을 위반한 행위, 직무유기, 타인에게 범죄케한 행위"를 적용, 판단하여 판결한 것이 적법한지

"적법하지 않다"
-경동 제144-98호 / 헌법해석 질의(2016.8.5.) 건

▶ 총회 헌법에 명시하고 있지 않은 사항인 기소 결과를, 총회 재판국에 즉시 서면으로 보고할 것을 명령하는 것이 적법한지

"적법하지 않다"

-경동 제144-98호 / 헌법해석 질의(2016.8.5.) 건

▶ 국가법원에서 총회 헌법에 명시하고 있지 않은 사항인 기소 결과를, 총회 재판국에 즉시 서면으로 보고할 것을 명령하는 것이 적법한지

"적법하지 않다"
-경동 제144-98호 / 헌법해석 질의(2016.8.5.) 건

▶ 국가법원에서 판결받은 "재항고인의 A교회 출입금지 가처분"에 대하여 총회 재판국에서 재항고인의 출입을 방해할 경우 "가중처벌의 기소를 명령"한 것이 적법한지

"적법하지 않다"
-경동 제144-98호 / 헌법해석 질의(2016.8.5.) 건

▶ 총회 재판국이 재항고인이 제기한 피고발인 외의 사람들 즉, 동조하는 자, 협력하는 자를 고소(발)없이도 "기소명령"을 하는 것이 적법한지

"적법하지 않다"
- 경동 제144-98호 / 헌법해석 질의(2016.8.5.) 건

무죄추정의 원칙/당회장 결원시 임시당회장 및 위임(담임)목사 청빙

▶ 제123회 강원노회 영월교회가 청원한 우제영 목사 계속 시무청원에 대한 강원노회 노회원 만장일치의 부결에 대하여 총회재판국에 제소한 우제영 목사의 경우 무죄추정의 원칙이 적용되는지 (소극)

노회원의 만장일치로 계속 시무청원이 부결된 사항이므로 무죄추정의 원

칙이 적용되지 않는다.

산하기관 행정조치

▶ 현재 총회에서는 총회 유지재단의 관계를 어떤 관계로 유지하고 있는지 총회 소속인지, 아니면 총회와 상관이 없는 독립재단인지

독립된 법인이나 산하기관이다.
경동 제141-15호 / 헌법위원회 질의(2014.10.29.) 건

▶ 경동노회가 설립한 경동노회 유지재단이 독립재단이라고 주장하는 것과 유지재단 이사들을 법인이라고 주장하면서 노회의 결의와 명령에 대해 무시하고, 전혀 개의치 않는 일에 대한 적법한 조치를 할 수 있는 법적 근거는 무엇인지

산하기관이므로 적법한(행정적) 조치를 취할 수 있다.
경동 제141-15호 / 헌법위원회 질의(2014.10.29.) 건

▶ 총회 연금재단 내 직원들로 구성된 총회 연금재단지부 노동조합(한국노총 전국공공노조연맹 중부지역공공산업노동조합 산하)을 설립하였습니다. 총회 산하 기관인 연금재단 직원들로 구성된 노동조합 설립행위가 다음과 같이 대한예수교장로회 헌법시행규정 제15조 4항에 저촉되는 것인지

헌법시행규정 제15조(교회의 직원과 유급종사자, 은퇴자) 4항에 의하여 교회의 직원은 아니다. 그러나 헌법 제2편 정치 제92조(소속 기관 및 단체, 연합당회 및 연합제직회)에 의거 산하단체직원은 교회 직원에 준한다.

▶ 본 노회 소속 ○○○목사는 본 교단 소속 직영 S장로신학대학 총장(기관목사)으로 재직하고 있습니다. ○○○목사가 총장으로 가기 전에 속한 시찰과 현재

총장으로 재직하는 S장로신학대학이 속한 시찰이 다를 경우 ○○○목사는 어떤 시찰에 속하여야 하는지

  헌법 제2편 정치 제81조(시찰회와 시찰위원회) 2항에 의거 노회의 재량으로 할 수 있다.
  -헌법질의(2014.10.16.)

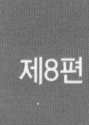

교회 분쟁에 관한 최근 판례의 경향

김재복 변호사
(법무법인 로고스 변호사, 현 총회재판국 재판국원)

1. 서설

(1) 교회에 관한 분쟁이 과거에도 있어 왔지만, 최근 한국교회 안에서 일어나는 분쟁이 해당 교회나 교단재판을 넘어 사회 법정으로까지 옮겨져서 치열하게 다투어지고 그로 말미암아 교회와 교단 내 갈등이 증폭되고 교단탈퇴로 이어지기도 하며, 사실상의 교회분열과 교인이탈 및 교인들의 수평이동 등의 현상이 초래되고 있음은 주지의 사실이고 그 분쟁의 정도와 빈도 면에서 과거보다 훨씬 더 심각하다고 하겠다. 이러한 현상이 서울에서는 중대형교회를 중심으로 발생하는 경우가 많은데, 지방에서는 심지어 교인 30여 명 정도의 작은 교회에서도 분쟁이 생겨서 대법원까지 상고하기도 하였다.

이로 인하여 분쟁당사자들인 해당 교회와 목회자 및 교인들이 입는 영적, 육적인 피해가 심각함을 물론이거니와 한국교회 미래에 대한 걱정과 염려가 깊어지고 있다. 필자가 교회재판에 많이 관여하다 보니 중앙지법 신청부에서 교회 관련 재판에 관여하던 중 재판장이 "교회에서는 사랑을 가르치는 것으로 알고 있는데, 왜 이렇게 교회 안에서 분쟁이 많습니까?" 하는 말을 하는 것을 들은 경험도 있다. 그래서 최근에는 "교회가 사회를 걱정하고 기도하여야 하는데, 거꾸로 사회가 교회를 걱정하는 시대가 되었다"는 슬픈 이야기를 듣게 되었다.

(2) 교회도 사람들이 모여 있는 단체의 성격을 가지므로 교회 구성원들 간에 분쟁이 일어나지 않을 수 없지만, 그 분쟁의 원인들을 살펴보면 해당 교회의 담임목사와 당회원 장로들이 그 분쟁의 핵심에 있는 경우가 대부분이다. 교회의 지도자들이 먼저 자신을 돌아보아야 할 때라고 생각한다.

이하에서는 교회 분쟁에 관한 최근의 대법원 및 하급심의 판례를 살펴보고, 교단 산하 재판국이나 규칙부 등 법리부서에서 봉사하는 분들과 함께 교회 분쟁의 원인은 무엇이고 분쟁을 예방할 수 있는 방법은 없는지, 교회 분쟁을 정의롭고 평화스럽게 해결하는 방법은 없는지에 대하여 논의해 보고자 한다.

2. 교회법과 사회법의 관계

(1) 모든 단체에는 그 단체에 통용되는 규범이 있다. 교회법이란 교회나 노회, 총회 등 교단내의 헌법(장정), 헌법시행규정, 규약, 규칙, 조례 등 그 명칭에 불구하고 교회와 교단내의 조직, 운영, 권징, 재산관계 등을 규율하는 법을 의미한다고 할 수 있다. 사회법(국가법) 또는 세상법이라 함은 국가 안의 모든 질서를 규율하는 헌법, 법률, 명령, 규칙, 조례 등을 의미한다. 교회법과 사회법은 각각 별도의 기능을 가지고 있으므로 그 두 가지법이 서로 충돌되지 않는다면 아무런 문제가 생길 리가 없다. 그런데 교회법과 사회법이 어떤 형태로든지 모순되거나 충돌하는 경우에 교회법의 효력이 문제가 된다. 교단내의 어떤 목회자나 중직자들은 교회는 영적인 조직이므로 사회법 또는 세상법보다 교회법이 우선하고, 따라서 사회법 또는 세상법이

교회법에 저촉되면 교회는 사회법을 따라갈 필요가 없다고 주장하기도 한다. 그러나 교회도 국가 내의 조직으로서 국가의 법 테두리 안에서 인정되어야 존재할 수 있는 것이므로 교회법과 사회법이 충돌하면 사회법이 우선하기 마련이다. 물론 우리나라도 국가헌법상 종교의 자유가 인정되지만 종교의 자유도 내면의 신앙의 자유에 머물 때는 아무도 간섭할 수 없는 것이지만 종교의 자유가 외부로 표출되는 경우에는 여전히 사회법의 제약을 받게 마련이고 헌법 제37조 제2항에 따라 국가안전보장, 질서유지, 공공복리에 따른 제한과 한계를 가지고 있다.[1]

(2) 이와 관련하여 얼마 전에 타 교단 총회에서 교회안의 분쟁을 사회법에 제소하면 무조건 총회 내 모든 공직과 총대자격을 몇 년간 박탈한다는 결의를 한 적이 있다. 이러한 결의는 국민의 재판청구권 등 기본권에 관련된 것이므로 사회법정에 가면 그 총회 결의의 효력이 인정되기 어렵다.

또한 모 장로교 헌법에는 ○○노회 소속의 지교회에 속한 부동산은 노회의 소유로 하고 토지나 가옥에 관하여 분쟁이 생기면 노회가 이를 처단할 권한이 있음을 규정하고 있으나 물권인 부동산소유권의 귀속 등 국가의 강행법규를 적용하여야 할 법률적 분쟁에 있어서는 이와 저촉되는 교회헌법의 규정이 적용될 여지가 없다.[2]

3. 2006년 대법원 전원합의체 판결(교회 분열에 관한 판례변경)[3]

(1) 교회 분쟁에 관하여 이야기할 때 맨 처음 살펴보아야 하는 판례는 대법원 2006. 4. 20. 선고, 2004다37775 전원합의체 판결이다.

---

1) 종교교육에 대하여 교육법상의 각종 규제를 받게 된다는 대법원 1992. 12. 22. 선고 92도1742 판결. 여호와의 증인교의 병역거부행위에 대한 처벌이 정당하다는 2004. 7. 15. 선고 2004도2965 판결 각 참조
2) 대법원 1991. 12. 13. 선고 91다29446 판결 참조

종전에 대법원 1993. 1. 19. 선고 91다1226 전원합의체 판결(종전 판결)에서는 "교회의 법률적 성질은 권리능력 없는 사단으로서 하나의 교회가 두 개의 교회로 분열된 경우 교회의 정관 등에 재산의 귀속에 관하여 정하여진 바가 없으면 종전교회의 재산은 분열 당시의 교인들의 총유에 속한다."는 입장이었다.

새로이 변경된 2006년 전원합의체 판결의 의미를 간단히 요약하면, 교회는 비법인사단이며, 교회의 분열은 인정되지 않고 다수결로써 재산의 귀속을 결정하며, 교회가 소속 교단을 변경하거나 교단을 탈퇴하려면 의결권 있는 교인 전체의 2/3 이상의 동의를 요하며, 교단변경에 대하여 의결권 있는 교인의 2/3의 찬성이 있는 경우에는 종전교회 재산은 변경된 교단소속 교회로 귀속된다는 것이다.

(2) 2006년 전원합의체 판결의 요지

(가) 교회 분열의 인정여부
우리 민법이 사단법인에 있어서 구성원의 탈퇴나 해산은 인정하지만 사단법인의 구성원들이 두 개의 법인으로 나뉘어 각각 독립한 법인으로 존속하면

---

3) 판례의 사안은 기독교대한성결교회 소속인 甲교회의 담임목사(소외인)가 당회원 장로들과 갈등을 빚자 임의로 기획위원회를 조직하여 교회를 운영하였고 이로 인하여 소속 교단의 징계재판을 받을 지경에 이르자 지지 교인들을 모아 소속 교단을 탈퇴하여 독립교회를 설립하되 명칭은 甲교회로 하고, 종전 기독교 대한 성결교회 甲교회의 당회록 등을 위조하여 독립교회인 甲교회 앞으로 종전 교회 대지와 건물에 관하여 소유권이전등기를 마치자 종전 교회인 기독교대한성결교회 甲교회측에서 독립교회인 甲교회를 상대로 소유권이전등기 말소소송을 제기 한 사안이다. 원심인 서울고등법원은 변경 전 판례에 기초하여 종전교회가 소외인을 당회장으로 하는 피고 교회와 잔류 교인들로 구성된 원고 교회로 분열되었다고 판단하고 총유권자인 분열 당시의 교인들의 총회 결의가 존재하지 않으므로 분열 후의 원고 교회가 종전 교회의 재산에 대한 말소를 청구할 수 없다는 이유를 들어 위 등기의 효력에 관하여는 아무런 판단을 하지 아니한 채 이 사건 청구를 기각하였다. 그러나 대법원은 위와 같은 이유를 들어 원심판결을 파기하고, 서울고등법원에 환송하였다.

서 종전 사단법인에게 귀속되었던 재산을 소유하는 방식의 사단법인의 분열은 인정하지 아니한다. 이는 비법인사단으로서의 교회의 분열에 대해서도 동일하게 적용된다.

(나) 교회 탈퇴와 재산 상실

일부 교인들이 교회를 탈퇴하여 그 교회 교인으로서의 지위를 상실하게 되면 탈퇴가 개별적인 것이든 집단적인 것이든 종전 교회 재산에 대한 권리를 상실하고 종전 교회 재산은 그 교회에 소속된 잔존 교인들의 총유로 귀속됨이 원칙이다. 그리고 교단에 소속되어 있던 지교회의 교인들의 일부가 소속교단을 탈퇴하여 다른 교단에 가입한 경우 그 교회 소속 교인들은 더 이상 종전 교회 재산에 대한 권리를 보유할 수 없게 된다.

(다) 교단변경의 요건

교회가 소속 교단을 변경하는 것은 사단법인의 정관변경에 준하여 의결권을 가진 교인 2/3 이상의 찬성에 의한 결의를 필요로 하며, 그 결의요건을 갖추어 소속교단을 탈퇴하거나 다른 교단으로 변경한 경우에, 종전 교회의 실체는 교단을 탈퇴한 교회로서 존속하고 종전 교회 재산은 탈퇴한 교회 소속 교인들의 총유로 귀속된다.

(3) 이와 같이 2006년도 대법원 전원합의체 판결은 교회 분열 뿐만 아니라 교회의 법적 성격, 총유재산의 보존방법 등 그 동안 판례와 학설상 논의되었던 여러 쟁점에 대한 법리를 확립하였고, 교회 분쟁에 대한 법원의 입장을 집대성한 것이라고 할 수 있다.[4] 특히 의결권 있는 교인 2/3 이상의 다수가

---

4) 1993년 전원합의체 판결과 2006년 전원합의체 판결은 대법관들 사이에서도 다양한 의견대립이 있어서 다수 견해이외에도 유력한 소수견해가 있다. 이를 대별하면 대체로 교회분열과 교회재산권 귀속에 관하여 총유설, 공유설, 분열부정설 등 3가지 견해가 대립한다. 이에 대한 자세한 논의는 백현기 장로님의 박사학위 논문 "교회의 분쟁에 관한 민사법적 연구"(한양대, 2010년) 158쪽 이하와 중앙대학교 서현제 교수님이 사단법인 한국기독교화해 중재원이 주최한 제1회 화재중재원 포럼에서 발제한 논문 "교회

찬성하여야 교단탈퇴 및 교회재산을 보존할 수 있도록 함으로써 민주주의의 원칙과 민법의 법인 아닌 사단에 관한 일반 법리에 따른 교회운영이 가능해지고 교회분쟁에 대한 예방적 기능을 수행할 수 있을 것으로 기대하였으나 교인명부의 관리가 부실한 한국교회의 현실에 부딪쳐서 교회 분쟁의 해결에 별다른 실효를 거두지 못하고 있다고 평가되기도 한다.

(4) 교회 자치정관의 제정과 변경 문제

위 2006년 전원합의체 판결과 관련하여 한 가지 더 논의하고 싶은 주제는 교회의 자치정관과 교단헌법의 관계를 어떻게 볼 것인가 하는 점이다.
위 문제와 관련하여 2006년 전원합의체 판결의 해당부분을 인용하면 다음과 같다.

"한편, 법인 아닌 사단으로서의 실체를 갖춘 개신교 교회(아래에서는 '교회'라 한다)가 특정 교단 소속 지교회로 편입되어 교단의 헌법에 따라 의사결정기구를 구성하고 교단이 파송하는 목사를 지교회의 대표자로 받아들이는 경우 교단의 정체에 따라 차이는 존재하지만 원칙적으로 지교회는 소속 교단과 독립된 법인 아닌 사단이고 교단은 종교적 내부관계에 있어서 지교회의 상급단체에 지나지 않는다. 다만, 지교회가 자체적으로 규약을 갖추지 아니한 경우나 규약을 갖춘 경우에도 교단이 정한 헌법을 교회 자신의 규약에 준하는 자치규범으로 받아들일 수 있지만, 지교회의 독립성이나 종교적 자유의 본질을 침해하지 않는 범위 내에서 교단 헌법에 구속된다."

간단히 문제를 제기하자면, 대부분의 한국교회가 교단헌법 이외의 자치정관을 가지고 있지 않으면서 수년간 혹은 수십 년간 교회를 운영하여 온 게 현실이다. 그런데 대법원판례가 교회를 비법인사단으로 보는 이상 교회 정관

분열에 관한 대법원 판결의 의의" 등 참조.

에 교단변경이나 교회 재산에 대한 처분과 귀속 등에 대하여 별도의 규정이 있다면 교단헌법보다 교회 자치정관이 더 우선하게 된다. 문제는 자치정관이 없는 상태에서 교단헌법에 근거하여 교회의 모든 조직과 회의를 운영하고 재산관리와 처분이 이루어져 왔으므로 해당교회는 교단헌법을 비법인 사단인 교회의 정관으로 받아들인 것으로 볼 수 있고, 또 실제에도 교단헌법이 교회의 정관으로서의 기능을 해왔는데, 어느 날 갑자기 교단헌법과 별도로 자치정관을 제정하면 그 동안에 정관의 기능을 해왔던 교단헌법과 정관의 관계는 어떻게 되는지가 문제가 되고,[5] 특히 많은 교회들이 과거 교회 창립초기에 제대로 된 정관이 없이 의결정족수 등에 대한 검토 없이 약식으로 만든 간단한 정관으로 관할 등기소를 통하여 소유권등기를 이미 경료하였었는데 그 등기의 효력과 그에 터잡은 법률관계의 효력도 문제가 된다.

원래 정관의 제정은 사단법인의 설립요건이므로 교회의 창립과 동시에 이루어져야 하는데, 교회가 창립된 지 수십 년이 지난 교회가 이제 와서 어떤 방법으로 정관을 제정하여야 하는지의 의문이 있고, 더 어려운 점은 대형교회에서 정관을 제정 또는 변경하려면 의결권 있는 교인수의 과반수 또는 2/3 이상의 찬성(민법 42조)이 있어야 하는데 그 요건을 갖추기가 현실적으로 어려운 경우가 많다. 즉, 교인명부가 제대로 관리되지 않은 한국교회의 현실에서 의결권 있는 교인수를 확정하기가 여간 힘든 일이 아닌 것이다.[6]

특히 교회가 분쟁이 발생한 이후에는 정관의 제정과 개정(변경)이 더욱 어려워지므로 교회가 평온할 때 미리 미리 정관을 마련하여 교회 분쟁을 사전에 예방하는 것이 중요하다고 생각한다.

---

5) 이 경우에 교단헌법을 최초의 교회정관으로 보면 그 후에 교회 자치정관은 정관을 만드는 것은 정관의의 제정이 아니고 정관의 개정(변경)으로 보아야 한다. 정관의 제정과 개정(변경)은 의결정족수가 다르다는 견해가 유력하다(소재열 박사 저 정관법 총칙 참조)
6) 최근 교회 분쟁으로 큰 홍역을 치른 분당의 대형교회 J교회에서는 담임목사님이 정관제정의 필요성을 절감하고 철저하게 절차를 거쳐서 정관을 제정하였다.

4. 교단 탈퇴와 교회 탈퇴

(1) 예장통합 교단 소속의 서울 강동의 대형교회인 K교회 분쟁에 대한 대법원 2010. 5. 27. 선고 2009다67658 판결과 대법원 2010. 5. 27. 선고 2009다67665, 67672 판결은 위 2006년 전원합의체 판결에도 불구하고 교회 분쟁의 소송적 해결이 얼마나 어려운지 여실히 보여주고 있다.[7]

---

7) K 교회의 분쟁은 K 교회를 설립한 원로목사와 후임 담임목사의 개인적인 갈등으로 분쟁이 시작되어 원로목사측 지지파(잔류파)와 후임 담임복사 측 지지파(이탈파)로 나뉘어져 2004년부터 10년 이상 분쟁이 지속되어 교단재판과 사회재판이 이루어져 왔고 주일 낮예배도 별도로 드려지고 있다.
원심이 배척하지 않은 증거들 및 사실관계에 의하면, 소외 L 목사(후임 담임목사, 이탈파측)를 따르는 K교회 교인들은 K교회의 교리나 예배 방법을 반대하였다기보다는 교회 운영과 관련하여 교인들 사이에 반목이 계속되고 이어 교단과의 갈등도 깊어지면서 이 사건 교단변경 결의에 이르게 된 점, 기록상 이 사건 교단변경 결의에 찬성한 교인들은 6천여 명에 이르고, 이는 일응 K교회 전체 교인들 중 3분의 2에 근접하거나 적어도 과반수 이상의 교인들에 해당하는 것으로 추산되는 사정도 엿보이는데, 만약 그러하다면 앞서 본 이 사건 교단변경 결의의 경위와 그에 찬성한 교인들의 규모 등에 비추어 볼 때, 피고 측 교인들이 40여 년의 역사를 가진 K교회를 탈퇴하려는 의도에서 교단변경을 결의하였다기보다는 적법한 절차에 따라 소속 교단만의 변경을 통하여 기존 K교회 조직 자체를 변경하려는 의사로 교단변경 결의에 나아갔다고 해석하는 것이 그 실체에 보다 부합한다고 보이는 점, 이 사건 교단변경 결의 이후 소외 1 목사가 피고 교회를 대표하여 한국 독립교회·선교단체 연합회 및 대한예수교장로회 합동교단 서북노회에 순차로 가입하기는 하였지만, 이는 이 사건 교단변경 결의가 적법하게 의결되었다고 여기고 그 후속조치의 일환으로 행한 것으로 볼 수 있는 점, 교단변경 결의에 찬성한 교인들이 기존의 교회 명칭을 그대로 사용하면서 기존의 교회 건물에서 예배 등을 계속하고 있고, 적어도 규약상으로는 교단변경에 반대하였던 교인들을 배제하고 있는 것으로 보이지 아니하는 점, 교단변경 결의 후에도 K교회에 부과되는 각종 세금을 납부하여 온 점, 이 사건 교단변경 결의가 절차적 하자로 무효라고 판명된 이상 단체법적 법리에 따라 기존 교회 자체의 조직변경 행위는 물론 그에 따른 일련의 후속조치(그 결의에 기한 다른 교단에의 가입행위)도 모두 무효로 되므로, 교단변경 결의에 찬성한 교인들이라 하여도 특별한 사정이 없는 한 종전 교회의 교인으로서 지위는 여전히 유지된다고 보아야 하는 점, 이 사건 교단변경 결의가 무효라는 법원의 판결이 확정된 후에는 소외 1 목사를 따르는 교인들이 새로운 교단에서의 활동을 중단한 것으로 보이는데(갑 제68호증, 갑 제69호증의 각 기재만으로는 2007년 7월경 이후에도 새로운 교단에서 활동하였다고 인정하기에 부족하다. 새로운 교단측에서도 피고 교회가 그 소속이 아니라고 확인하고 있다) 이는 교단변경 결의가 무효라는 사실을 수용하고 종전 K교회 교인으로서 지위를 그대로 유지하려는 의사를 적극적으로 나타낸 것으로 볼 수 있는 점 등을 알 수 있다. 이러한 여러 사정들을 종합하여 보면 이 사건

위 2009다67658 판결의 사안은 원고 K교회(통합교단 서울동남노회)가 피고 K교회(합동측 서북노회)를 상대로 공탁금출급청구권 확인을 구하는 소송으로,

원심판결은 K교회의 일부 교인들이 2005. 4. 11. 교인총회를 열어 기존에 소속된 대한예수교장로회 통합교단으로부터 탈퇴하고 한국 독립교회·선교단체 연합회에 가입한다는 내용의 교단변경 결의(이하 '이 사건 교단변경 결의'라 한다)를 하였으나 그 후 위 결의가 소집절차나 결의방법 등 절차상 하자가 있어 무효라는 법원의 판단을 받게 된 사실, 소외 L목사가 피고 교회를 대표하여 대한예수교장로회 통합교단 및 그 산하 서울동남노회를 탈퇴하고, 한국 독립교회·선교단체 연합회 및 대한예수교장로회 합동교단 서북노회에 순차로 가입한 사실을 인정한 다음, 피고 측 교인들이 종전의 K교회로부터 탈퇴하였고, K교회의 동일성은 대한예수교장로회 통합교단에 소속되어 있는 원고 교회에 존속된다고 판단하였으나, 대법원은 아래에서 보는 바와 같이 탈퇴결의를 무효로 보고, 이탈파측 교인들도 여전히 종전 K교회의 교인으로서의 지위를 유지한다고 판시하면서, 원심판결을 파기하고 서울고등법원에 환송하였다.

위 K교회의 대법원 판결의 내용은, 첫째 이탈파측의 205. 4. 10.자 교인총회 등에서의 교단탈퇴 결의는 소집절차나 결의방법 등에 중대한 흠이 있어 무효이고, 탈퇴결의 당시에 K교회의 의결권 있는 교인이 누구이고 몇 명인지, 그 중 실제로 투표에 참석한 교인이 몇 명인지 등을 알 수 없어서 위 탈퇴결의가 의결권 있는 교인의 2/3 이상의 찬성을 얻어서 이루어진 것인지도 알 수 없다는 것이고, 둘째 교단탈퇴와 교회탈퇴는 구별되므로 이탈파측은 여전히 종전 K교회 교인이라는 두 가지로 요약할 수 있다.

위 두 번째 요지내용을 좀 더 자세히 설시하자면, 다음과 같다.

즉, 일부 교인들이 소속 교단을 탈퇴하고 다른 교단에 가입하기로 하는

교단변경 결의에 찬성한 K교회의 교인들이 종전 교회에서의 탈퇴까지 의도하였다거나 자신들만을 교인으로 한정하여 K교회와 별개의 교회를 설립하였다고 단정하기는 곤란하다.

내용의 교단변경을 결의하는 것은 종전 교회를 집단적으로 탈퇴하는 것과 구별되는 개념으로, 교단변경에 찬성한 교인들이 종전 교회에서 탈퇴하였다고 평가할 수 있을지 여부는 법률행위 일반의 해석 법리에 따라, ① 교회를 탈퇴한다는 취지의 의사표시를 하였는지 여부, ② 종전 교회가 따르던 교리와 예배방법을 버리고 다른 교리와 예배방법을 추종하게 되었는지 여부, ③ 종전 교회와 다른 명칭을 사용하거나 종전 교회의 교리 등을 따르기를 원하는 나머지 교인들을 의도적으로 배제한 채 독립한 조직을 구성하거나 종전 교리를 따르지 않는 새로운 목사를 추대하여 그를 중심으로 예배를 보는 등 종전 교회와 별도의 신앙공동체를 형성하였다고 볼 수 있는지 여부, ④ 스스로 종전 교회와 다른 조직임을 전제로 하는 주장이나 행위 등을 하여 왔는지 여부, ⑤ 교단변경에 이르게 된 경위, 즉 단순히 종전 교회의 소속 교단만을 변경하는데 그치겠다는 의사에서 결의에 나아간 것인지 아니면 만약 교단변경의 결의가 유효하게 이루어지지 아니하여 종전 교회의 소속 교단이 그대로 유지된다면 종전 교회에서 탈퇴하겠다는 의사를 갖고서 결의에 나아간 것인지 여부, ⑥ 교단변경 결의가 유효하게 이루어지지 아니하는 경우 교회재산의 사용수익권을 잃는 것을 감수하고서라도 새로운 교회를 설립할 것인지 아니면 사용수익권을 보유하면서 종전 교회에 남을 것인지 사이에서 교인들이 어떠한 선택을 하였다고 볼 것인지 여부 등 여러 사정을 종합적으로 고려하여 판단하여야 한다.

이 사건에 나타난 교단변경 결의의 경위와 그에 찬성한 교인들의 규모 등 여러 사정에 비추어 볼 때, 교단변경 결의에 찬성한 교인들이 종전 교회에서의 탈퇴까지 의도하였다거나 자신들만을 교인으로 한정하여 종전 교회와는 별개의 새로운 교회를 설립하였다고 단정하기 곤란하다고 판시하였다.

(2) 서울 강남의 C교회 분쟁의 경우에도 해당 소속 甲노회와의 갈등이 생겨서 교인수 90퍼센트 이상이 결의하여 소속 甲노회를 탈퇴하여 교단내 다른 노회(乙노회)로 변경결의를 하여 乙노회 소속의 동일한 이름의 C교회로 노회 변경을 한 경우에 하급심에서 위 대법원판결에 근거하여 교회의 동일성

을 인정하고 C교회 담임목사와 노회탈퇴결의에 동참한 교인들의 기존교회 건물의 사용수익권을 그대로 인정한 사례가 있고(상대방 대리인은 노회탈퇴는 곧 교단탈퇴라고 주장하면서 교단을 탈퇴하였으니 C교회 담임목사와 그를 지지하는 교인들은 C교회 의 건물을 사용할 수 없다고 주장하였으나 법원은 받아들이지 않았다), A교회 목사인 갑이 자신을 지지하는 교인들과 함께 기존의 A교회를 폐쇄하고 B교회로 예배장소를 이전한 경위와 과정을 종합하여 단순한 예배장소의 변경이 아니라 기존 A교회를 집단적으로 탈퇴하여 기존 B교회 교인들과 함께 새로운 교회를 설립한 경우에 해당한다고 본 사례[8]도 있다.

5. 종교 단체 내부의 행위에 대한 사법심사의 한계

교회 분쟁에 대한 법원의 재판에 있어서 약방의 감초같이 가장 많이 다루어지는 판례는 종교단체 내부의 행위에 대한 사법심사의 한계를 판시한 대법원 판결이 아닌가 싶다.

(1) 대법원 2005. 6. 24. 선고 2005다10388 판결

판결의 요지는 '종교단체의 징계결의는 종교단체 내부의 규제로서 헌법이 보장하고 있는 종교자유의 영역에 속하는 것이므로 교인 개인의 특정한 권리의무에 관계되는 법률관계를 규율하는 것이 아니라면 원칙적으로 법원으로서는 그 효력의 유무를 판단할 수 없다고 할 것이지만, 그 효력의 유무와 관련하여 구체적인 권리 또는 법률관계를 둘러싼 분쟁이 존재하고 또한 그 청구의 당부를 판단하기에 앞서 위 징계의 당부를 판단할 필요가 있는 경우에는 그 판단의 내용이 종교 교리의 해석에 미치지 아니하는 한 법원으로서는 위 징계의 당부를 판단하여야 한다.'는 내용이다.

---

8) 대법원 2011. 1. 13. 선고 2010도9725 판결

위 판결은 거슬러 올라가면 대법원 1992. 5. 22. 선고 91다41026 판결에 기초한 것인데, 위 2005다10388 판결은 흔히 교회분쟁에 대한 법원의 재판에 있어서 교회측 대리인이 금과옥조처럼 내세우는 판결이기도 하다. 그런데 재미있는 것은 위 2005다10388 판결과 91다41026 판결의 각 사안은 교회분쟁에 관한 것이 아니고 불교사찰의 주지해임무효확인 사건과 승려에 대한 사찰 내부의 징계의 효력유무에 대한 판결이다.

위 2005다10388 판결의 의미를 교회에 적용하면, ① 교회 내부의 징계(권징)재판에 대하여는 원칙적으로 사법심사의 대상이 되지 않음을 천명하고, ② 예외적으로 교인 개인의 특정한 권리의무에 관계되는 법률관계를 규율하는 것이라면 사법심사의 대상이 되지만, 그 경우에도 징계(권징)재판의 효력 유무와 관련하여 구체적인 권리 또는 법률관계를 둘러싼 분쟁이 존재하고 또한 그 청구의 당부를 판단하기에 앞서 징계의 당부를 판단할 필요가 있는 경우라야 하고, ③ 사법심사의 대상이 되는 경우에도 그 판단의 내용이 종교 교리의 해석에 미치지 아니하여야 한다는 의미라고 구분하여 볼 수 있다.

위 2005다10388 판결은 여전히 최근의 판례에서도 많이 인용되고 있고, 교회를 방어하는 측에서 보면 대단한 무기로 보이기도 하지만, 한편으로는 교회 내부의 과도한 징계권의 남용으로 권리의 침해를 입은 목회자나 교인의 입장에서는 불만을 가질 수 있는 판결이라고도 할 수 있다. 아무튼 아직도 법관들이 교회나 종교단체의 자율성을 어느 정도 존중하고 있다고 보아도 무방할 것 같다.

다만, 실무에서 개개의 사건의 경우에 어떠한 경우가 구체적인 권리 또는 법률관계를 둘러싼 분쟁이 존재하는 경우인지, 또한 어떠한 판단내용이 종교 교리의 해석에 미치지 않는 경우인지를 판별하기가 어려운 경우가 종종 발생한다.

(2) 대법원 2006. 2. 10. 선고 2003다63014 판결

교회내 권징재판에 대한 사법심사의 한계를 판시한 위 2005다10388 대법원 판결에 못지않게 교회분쟁에 관한 재판에서 많이 인용되는 판결이 위 2003다63014 판결이라고 할 수 있다.

판결의 요지는 다음 세 가지이다.
① 교인으로서 비위가 있는 자에게 종교적인 방법으로 징계·제재하는 종교단체 내부의 규제(권징재판)가 아닌 한 종교단체 내에서 개인이 누리는 지위에 영향을 미치는 단체법상의 행위라 하여 반드시 사법심사의 대상에서 제외하거나 소의 이익을 부정할 것은 아니다.
② 우리 헌법이 종교의 자유를 보장하고 종교와 국가기능을 엄격히 분리하고 있는 점에 비추어 종교단체의 조직과 운영은 그 자율성이 최대한 보장되어야 할 것이므로, 교회 안에서 개인이 누리는 지위에 영향을 미칠 각종 결의나 처분이 당연 무효라고 판단하려면, 그저 일반적인 종교단체 아닌 일반단체의 결의나 처분을 무효로 돌릴 정도의 절차상 하자가 있는 것으로는 부족하고, 그러한 하자가 매우 중대하여 이를 그대로 둘 경우 현저히 정의 관념에 반하는 경우라야 한다.
③ 교회의 목사와 장로에 대한 신임투표를 위한 공동의회의 소집절차에 당회의 사전 결의를 거치지 아니한 하자가 있으나 그 하자가 정의 관념에 비추어 도저히 수긍할 수 없을 정도의 중대한 하자가 아니라는 이유로, 공동의회에서의 시무장로에 대한 불신임결의가 당연 무효라고 볼 수 없다고 판시하였다.

위 2003다63014 판결의 의미는, 교회 안에서 개인이 누리는 지위에 영향을 미칠 각종 결의나 처분이 당연 무효가 되기 위한 기준을 제시하고 일반단체의 결의나 처분을 무효로 돌릴 정도의 절차상의 하자로는 부족하고, 그러한 하자가 매우 중대하여 이를 그대로 둘 경우 현저히 정의 관념에 반하는 경우라야 한다고 판시함으로써 종교단체의 내부의 결의나 처분에 무효사

유를 엄격히 제한하고 있다. 역시 교회와 같은 종교단체의 자율성을 상당히 존중하고 있는 판결이라고 할 수 있다.(주심 박재윤 대법관)

(3) 대법원 2011. 10. 27. 선고 2009다32386 판결

이 판결은 기본적으로 위에서 본 2005다10388 판결과 입장을 같이 하면서 보다 정리된 이론으로 종교단체의 자율권과 사법심사의 한계에 대하여 자세히 설시하고 있어서 유사한 사건의 해결에 많은 도움을 주는 판결이다.

① 종교 활동은 헌법상 종교의 자유와 정교분리의 원칙에 의하여 국가의 간섭으로부터 그 자유가 보장되어 있다. 따라서 국가기관인 법원으로서도 종교단체 내부관계에 관한 사항에 대하여는 그것이 일반 국민으로서의 권리의무나 법률관계를 규율하는 것이 아닌 이상 원칙적으로 실체적인 심리·판단을 하지 아니함으로써 당해 종교단체의 자율권을 최대한 보장하여야 한다. 한편 종교단체가 그 교리를 확립하고 종교단체 및 신앙의 질서를 유지하기 위하여 교인으로서의 비위가 있는 사람을 종교적인 방법으로 제재하는 것은 종교단체 내부의 규제로서 헌법이 보장하는 종교의 자유의 영역에 속하는 것임에 비추어, 교인의 구체적인 권리 또는 법률관계에 관한 분쟁이 있어서 그에 관한 청구의 당부를 판단하는 전제로 종교단체의 교인에 대한 징계의 당부를 판단하는 것은 별론으로 하더라도, 법원이 그 징계의 효력 자체를 사법심사의 대상으로 삼아 효력 유무를 판단할 수는 없다고 할 것이다.

② 교인으로서 비위가 있는 자에게 종교적인 방법으로 징계·제재하는 종교단체 내부의 규제(권징재판)가 아닌 한 종교단체 내에서 개인이 누리는 지위에 영향을 미치는 단체법상의 행위라 하여 반드시 사법심사의 대상에서 제외하거나 소의 이익을 부정할 것은 아니다. 그렇다고 하여도 종교단체가 헌법상 종교의 자유와 정교분리의 원칙에 기초하여 그 교리를 확립하고 신앙의 질서를 유지하는 자율권은 최대한 보장되어야 하므로, 종교단체의 의사결정이 종교상의 교의 또는 신앙의 해석에 깊이 관련되어 있다면, 그러한 의사

결정이 종교단체 내에서 개인이 누리는 지위에 영향을 미치더라도 그 의사결정에 대한 사법적 관여는 억제되는 것이 바람직하다.

③ 갑 교회(성결교단 S교회)의 교인 을 등과 담임목사를 비롯한 다른 교인들 사이에 장로 선출을 둘러싼 분쟁 및 담임목사에 대한 이단 고발 등으로 갈등이 심화되어 갑 교회가 정기당회에서 교단 임시헌법에 근거하여 을 등을 교적에서 제적하는 결의를 한 사안에서, 갑 교회가 제적결의를 통하여 종교단체로서 교리를 확립하고 신앙상의 질서를 유지하는 한편 해교행위를 하는 교인들을 구성원에서 배제하는 방법으로 조직의 안정과 화합을 도모하려고 하였던 것임이 인정되므로 위 제적결의 및 효력 등에 관한 사항은 갑 교회 내부의 자율에 맡겨야 하고, 담임목사의 이단성에 대한 다툼이 제적결의의 원인 내지 이유의 하나로 작용하였으므로 위 제적결의는 갑 교회 및 갑 교회가 속한 교단의 종교상의 교의 또는 신앙의 해석에 깊이 관련되어 있으며, 나아가 제적결의 효력 유무가 구체적 권리의무에 관한 청구의 전제문제로 다투어지는 사안이라고 보기 어렵고, 제적결의의 교회법적 정당성을 재단할 적법한 권한을 가진 상급 치리회가 존재하여 교단 내에서 자율적 문제 해결이 가능하며, 제적결의를 위한 당회 소집 및 결의 절차 등에 정의 관념에 비추어 묵과하기 어려울 만큼 중대한 하자가 있다고 할 수 없는 점을 더하여 보면, 위 제적결의 및 효력 등에 관한 사항은 사법심사의 대상이 아니라고 한 사례. (양창수 대법관 주심)

(4) 대법원 2014. 12. 11. 선고 2013다78990 판결

이 판결은 서울 강북의 K교회의 위임목사로 시무하던 H 목사가 목사안수의 요건인 2년 이상의 전임전도사 경력의 부존재와 위임목사가 될 수 없는 미국시민권자인 사실을 등 이유로 K교회 소속기관인 총회 재판국을 통하여 두 차례 위임목사 청빙승인 무효확인 판결이 있었는바, H목사는 위 총회 판결이 무효인 점과 자신이 K교회의 대표자임을 확인하여 달라는 소송을 제기하였는데, 1, 2심 판결에서는 원고승소판결이 선고되었으나 대법원은

사법심사의 대상이 되지 아니한다고 원심판결을 파기하면서 아래와 같은 이유로 소각하의 판결을 선고하였다.

① 종교단체의 자율권 보장의 필요성은 지교회뿐만 아니라 지교회의 상급단체인 교단에도 동일하게 적용되므로, 양 종교단체의 종교적 자율권은 모두 보장되어야 한다. 그런데 경우에 따라서는 지교회와 교단 사이에 종교적 자율권이 상호 충돌할 수 있는데, 이 경우 교단의 존립 목적에 비추어 지교회의 자율권은 일정한 제한을 받을 수밖에 없다. 즉, 교단이 각 지교회의 자율권을 제한 없이 인정하면 해당 교단의 고유한 특성과 교단 내에서의 종교적 질서 유지라는 교단의 존립 목적을 달성하는 것이 곤란하게 된다.

나아가, 지교회가 특정 교단 소속을 유지하는 것은 해당 교단의 지휘·감독을 수용하겠다는 지교회 교인의 집합적 의사의 표현으로 볼 수 있으므로, 소속 교단에 의하여 지교회의 종교적 자율권이 제한되는 경우 지교회로서는 교단 내부의 관련 절차에 따라 문제를 해결하여야 하고, 관련 내부 절차가 없거나 그 절차에 의하여도 문제가 해결되지 않는 경우 지교회로서는 그 제한을 수인할 수밖에 없다. 따라서 지교회의 일반 국민으로서의 권리의무나 법률관계와 관련된 분쟁에 관한 것이 아닌 이상, 교단의 종교적 자율권 보장을 위하여 교단의 내부관계에 관한 사항은 원칙적으로 법원에 의한 사법심사의 대상이 되지 않는다.

② 갑 교단 소속의 K교회가 H목사를 위임목사로 청빙하는 것을 승인해 달라는 요청을 하여 갑 교단의 하급 치리회인 노회에서 청빙승인결의를 하였는데, 갑 교단의 최고 치리회인 총회에서 위임목사 청빙승인결의 무효확인 및 H목사에 대한 목사안수결의 무효확인 총회판결을 하자 K교회가 총회판결의 무효확인과 H목사의 대표자 지위 확인을 구하는 소를 제기한 사안에서, K교회는 목사나 위임목사로서의 지위가 부인된 직접적인 당사자가 아니므로 목사나 위임목사로서의 지위가 부인됨으로써 H목사의 권리의무나 법률관계가 영향을 받는다는 점은 K교회가 총회판결의 무효확인을 구할 법률상 이익의 근거가 될 수 없고, 총회판결에 의하여 침해된 K교회의 이익은 설교

와 예배 인도 등을 담당할 위임목사를 자율적으로 청빙할 수 있는 이익인데 그것 자체는 K교회의 종교적 자율권과 관계된 사항일 뿐, 일반 국민으로서의 권리의무나 법률관계와 관련이 있는 사항이라고 보기 어려우므로, 총회판결로 인하여 위임목사 청빙과 관련한 K교회의 종교적 자율권이 제한받게 되었다고 하더라도 갑 교단의 종교적 자율권 보장을 위하여 위 총회판결은 사법심사의 대상이 되지 않는다고 한 사례.(김신 대법관 주심 사건)

그런데, 위 대법원판결 이후에 H 목사는 다시 개인의 이름으로 동일한 취지의 소를 제기한 것으로 보인다.

6. 교회 회계 장부 등 열람·등사 청구 사건

(1) 교회에 분쟁이 발생하면 담임목사에 대하여 반대하는 교인들은 흔히 교회의 재정운영이 투명하지 않다는 점을 들어 제일 먼저 교회 회계장부 등 열람, 등사 가처분 신청을 제기하는 경우가 많다. 종래 교회의 교인에게 회계장부를 열람할 수 있는 권한이 있는지 여부와 어떠한 경우에 열람, 등사를 허용할 것인지 여부에 대하여 법원의 확립된 기준이 없다가, 담임목사의 횡령사건이 문제가 된 J교회에 대한 판결인 대법원 2011. 4. 26. 선고 2010다1981 가처분이의 판결에서 최초로 회계장부 등에 대한 열람등사청구권의 근거와 권리행사의 요건에 대하여 판시하였다.

(2) 위 판결의 사안은, J교회의 담임목사가 2008. 9. 이후 교회 재산을 횡령하고, 정관 규정에 따른 재정운영원칙을 위반하여 부적절하게 교회 예산을 집행하였다는 등의 이유로 교인들이 2009년 초부터 J교회에 정관에 따른 결산보고를 성실하게 이행할 것을 요구하였고, 2009. 12.경에는 담임목사를 업무상 횡령 등으로 형사고발하기에까지 이르렀으나, J교회는 이 사건 가처분결정 당시까지 정당한 사유 없이 위 요구에 응하지 아니하면서, 공동의회에 2008 및 2009 회계연도의 결산 및 감사보고의 인준에 대한 안건을 상정조

차 하지 않았다.

(3) 위와 같은 사안에서 대법원은 다음과 같이 판시하였다.

원심은 위 인정사실에 기하여, 비록 교인에게 교회의 회계장부를 일반적으로 열람할 수 있는 권리를 부여한 법률상 규정은 존재하지 아니하나, 채무자 교회 정관에 의하면 공동의회가 채무자 교회의 최고 의결기관으로서 재정 운영의 투명성과 적정성을 확보하기 위하여 예산 편성, 결산 및 감사보고의 인준 등의 권한을 보유하고 있는바, 채권자들은 공동의회의 구성원 지위에서 공동의회에 부여된 위 예산 및 결산 승인권 등을 효율적으로 수행하기 위하여 필요한 범위 내에서 교회의 회계처리가 적정한지 여부를 판단할 수 있는 회계장부 등을 열람·등사할 수 있는 권한을 가진다고 봄이 상당하고,

ⓐ 채무자 교회의 재정 운영 및 예산 집행에 불명확하거나 부당한 부분이 있다는 채권자들의 지적에 상당한 근거가 있다고 판단되고, ⓑ 그에 따라 공정한 결산 및 감사 절차를 통해 위와 같은 의혹을 규명하고 해소할 필요성이 있는 점과, ⓒ 채권자들이 채무자 교회의 운영위원 또는 예산위원 등으로 재직하면서 채무자 측에 지속적으로 이의를 제기하였음에도 시정이 이루어지지 아니하였고 ⓓ 이 사건 가처분신청 외에 달리 유효·적절한 수단을 찾기 어려웠던 것으로 보이는 점 등을 종합하여 보면, 채권자들은 채무자 교회를 상대로 이 사건 가처분결정에서 인용된 범위 내에서 회계장부 등의 열람 및 등사를 구할 권리가 있고, 채무자 교회가 이를 다투면서 열람 및 등사를 거부하고 있는 이상 그 보전의 필요성도 인정된다고 판단하였다.

(4) 위 대법원판결을 요약하면, 교회 정관규정에 따라 교회의 교인은 공동의회 구성원의 지위에서 필요한 경우 회계장부 등을 열람, 등사할 수 있는 권한을 가지고 있고, 교회의 재정 운영 및 예산집행에 불명확하거나 부당한 부분이 있다는 지적에 상당한 근거가 있으며 그 시정을 위하여 달리 유효, 적절한 수단을 찾기 어려운 경우에는 열람, 등사를 구할 권리를 행사할 수 있다는 것이다.

이러한 기준에 따라 서울 강남의 합동장로교단의 대형교회인 C교회에 대하여는 회계장부에 대한 열람, 등사청구가 기각[9]된 반면에 같은 교단의 S교회에 대한 열람등사 가처분신청에 대하여는 일부 회계 장부 등에 대하여는 열람, 등사를 허용하라는 일부 승소 결정[10]이 고지되었다.

7. 기타 몇 가지 쟁점에 관하여

(1) 담임목사에 대한 불신임투표가 가능한지 여부

총회 헌법[11] 시행규정 26조 7항이 목사를 신임투표로 사임시킬 수 없다고 규정하고 있음에도 불구하고, 하급심 판례에서 담임목사의 청빙을 결의한 교회의 공동의회는 당초 이루어진 담임목사의 청빙 결의를 철회하는 불신임 결의를 할 수 있다고 봄이 상당하다고 판시한 사례가 있다(서울남부지방법원 2010. 11. 16. 선고 2010가합5664 판결, 수원지방법원 성남지원 2014. 10. 27. 고지 2014비합40 결정). 위 남부지법 판결은 항소심을 거쳐 대법원에서 확정되었다.

(2) 공동의회 소집권자

총회 헌법[12] 규정 90조 2항에 의하면 공동의회 소집권자를 당회장으로 규정하고 있으나, 당회장이 무흠 세례교인 3분의 1 이상의 청원이 있음에도 불구하고 그 공동의회의 소집을 거부하는 경우에는 공동의회 소집권자에 대하여 규정하고 있지 아니하고 있지 않다. 교회는 비법인사단으로서 민법의

---

9) 1심 서울중앙지방법원 2013. 5. 29. 선고 2012가합82751 판결, 항소심 서울고등법원 2014. 5. 2. 선고 2013나39409 판결, 대법원 2014. 8. 20. 선고 2014다33628 판결
10) 1심 2014. 3. 17. 선고 2013카합2349 결정, 항소심 서울고등법원 2014. 12. 24. 선고 2014라405 판결
11) 대한예수교장로회 통합 교단총회 헌법을 의미한다.
12) 역시 장로교 통합 교단 헌법을 의미한다.

사단법인에 관한 규정이 유추적용된다 할 것이므로 무흠 세례교인 3분의 1 이상의 교인들은 민법 제70조 3항, 비송사건절차법 제34조에 따라 법원의 허가를 얻어 공동의회를 소집할 수 있다(위 성남지원 판결).

(3) 교단 총회 결의로 교단 산하의 학교법인과 재단법인의 이사의 연임과 임기를 제한하는 문제

① 장로교 합동측의 총신대학교 재단이사회의 재단이사들의 정년 및 임기와 연임문제와 관련하여 합동측의 총회에서 이사의 정년을 70세로 하고, 연임 횟수를 1회로 제한하는 내용을 학교법인의 정관을 개정하라는 결의를 하고, 이에 불응할 경우 목사 자격을 포함하여 총회 내 모든 공직을 5년간 정지한다는 결의를 하였다.

그러나 해당 총신대학교의 이사장과 이사는 위와 같은 정관개정에 불응하여 법원에 소송이 계속 중에 있다. 사립학교법상 학교법인의 재단이사의 자격이나 임기 등은 학교법인의 정관 사항인데, 교단 총회는 총신대학교를 지도 감독하는 지위에 있기 때문에 이러한 충돌이 발생하고 있다.

② 장로교 통합측 교단총회 산하기관으로 은퇴 목사들을 위한 연금재단이 있는데, 원래 연금재단 이사들의 임기가 4년이었는데 교단총회 산하의 각 재단법인의 모든 이사의 임기를 3년으로 제한하는 총회 결의를 하게 되었다. 연금재단 이사회는 정관의 이사의 임기조항을 3년으로 감축하는 내용으로 정관을 개정하면서 경과규정을 두지 않아서 정관 개정 당시에 재임중에 있는 이사에게 개정 조항이 적용되지 여부가 소송에서 다투어지고 있다.

8. 결론

교회 분쟁이 사회법정에까지 가지 않고 (사)한국기독교화해중재원에서 화해나 조정, 중재로 평화롭게 해결되는 것이 바람직하다. 교회 분쟁의 원인

은 목회자나 장로 등 중직자들의 이기주의나 부도덕에서 비롯되는 경우가 많기 때문에 교회 분쟁을 예방하기 위해서는 교회 지도자 스스로 회개하고 자정하는 노력을 기울이는 것이 우선 중요하다고 하겠다. 그러나 일단 교회 안에 분쟁이 발생하여 화해 조정으로 종결되지 아니하여, 교단재판에 제소되는 경우에는 교단내 재판이 전문가에 의하여 공정하게 이루어짐으로써 교단 내 재판이 신뢰를 받아야만 다시 불복하여 사회 법정에까지 가는 경우를 줄일 수 있다.[13] 그런데 현실은 교단 내 재판국의 인적 구성을 보면 법률전문가는 극소수에 불과하고 독립성도 미약할 뿐만 아니라 인적, 물적인 지원이 열악하여 교단 내 재판이 신뢰를 받지 못하고 있는 것이 현실이다.

    교회 분쟁 발생의 이면에 이단이나 반기독교세력이 개입되는 경우가 종종 있음을 보게 된다. 한국교회를 지키기 위해서도 교회 분쟁의 사전 예방과 분쟁의 평화적 해결을 위하여 배전의 노력을 경주하여야 되겠고, 설령 분쟁이 발생하였다고 하더라도 신뢰받을 수 있는 교단 내 재판과 분쟁해결이 이루어지도록 힘을 모아야 한다고 생각한다.

---

13) 참고로 대한예수교장로회 총회(통합) 재판국에서 최근에 선고한 판결문을 별지에 소개하기로 한다.

대법원 2006. 2. 10. 선고 2003다63104 판결
[공동의회결의무효확인]

판시사항

[1] 종교단체 내에서 개인이 누리는 지위에 영향을 미치는 단체법상 행위가 사법심사의 대상이 되는지 여부(한정 적극)

[2] 종교단체 내에서 개인이 누리는 지위에 영향을 미칠 각종 결의나 처분이당연 무효라고 판단하기 위한 요건

[3] 교회의 목사와 장로에 대한 신임투표를 위한 공동의회의 소집절차에 당회의 사전 결의를 거치지 아니한 하자가 있으나 그 하자가 정의 관념에 비추어 도저히 수긍할 수 없을 정도의 중대한 하자가 아니라는 이유로, 공동의회에서의 시무장로에 대한 불신임결의가 당연 무효라고 볼 수 없다고 한 사례

[4] 후임 목사의 청빙을 위하여 당회 및 공동의회를 소집하고 주재하는 일이 민법 제691조 에 따라 당회장의 직무를 계속 수행하고 있는 은퇴목사의 직무범위에 속한다고 한 사례

판결요지

[1] 교인으로서 비위가 있는 자에게 종교적인 방법으로 징계·제재하는 종교단체 내부의 규제(권징재판)가 아닌 한 종교단체 내에서 개인이 누리는

지위에 영향을 미치는 단체법상의 행위라 하여 반드시 사법심사의 대상에서 제외하거나 소의 이익을 부정할 것은 아니다.

[2] 우리 헌법이 종교의 자유를 보장하고 종교와 국가기능을 엄격히 분리하고 있는 점에 비추어 종교단체의 조직과 운영은 그 자율성이 최대한 보장되어야 할 것이므로, 교회 안에서 개인이 누리는 지위에 영향을 미칠 각종 결의나 처분이 당연 무효라고 판단하려면, 그저 일반적인 종교단체 아닌 일반단체의 결의나 처분을 무효로 돌릴 정도의 절차상 하자가 있는 것으로는 부족하고, 그러한 하자가 매우 중대하여 이를 그대로 둘 경우 현저히 정의 관념에 반하는 경우라야 한다.

[3] 교회의 목사와 장로에 대한 신임투표를 위한 공동의회의 소집절차에 당회의 사전 결의를 거치지 아니한 하자가 있으나 그 하자가 정의 관념에 비추어 도저히 수긍할 수 없을 정도의 중대한 하자가 아니라는 이유로, 공동의회에서의 시무장로에 대한 불신임결의가 당연 무효라고 볼 수 없다고 한 사례.

[4] 후임 목사의 청빙을 위하여 당회 및 공동의회를 소집하고 주재하는 일이 민법 제691조 에 따라 당회장의 직무를 계속 수행하고 있는 은퇴목사의 직무범위에 속한다고 한 사례.

재판경과

전주지방법원 2003. 6. 20. 선고 2003가합799 판결광주고등법원 2003. 10. 24. 선고 2003나4692 판결대법원 2006. 2. 10. 선고 2003다63104 판결

따름판례

대법원 2008. 11. 27. 선고 2008다17274 판결, 대법원 2011. 5. 13. 선고 2010다84956 판결, 대법원 2011. 10. 27. 선고 2009다32386 판결

참조법령

[1] 민사소송법 제248조

[2] 민사소송법 제250조
[3] 민법소송법 제250조
[4] 민법 제691조

전 문

【원고, 피상고인】 원고 1 외 8인 (소송대리인 변호사 양영태 외 1인)
【피고, 상고인】 피고 교회 (소송대리인 변호사 최세영)
【원심판결】 광주고법 2003. 10. 24. 선고 2003나4692 판결

【주 문】

원심판결을 파기하고 사건을 광주고등법원에 환송한다.

【이 유】

1. 원심이 인정한 사실관계 원심은 그 채용 증거들을 종합하여 다음과 같은 사실들을 인정하였다.

가. 피고 교회는 대한예수교장로회 총회에 소속되어 있는 교회인데, 2000년 9월경부터 위 총회가 노량진총회, 성내동총회, 홍은동총회로 분열되는 양상을 보이자, 피고 교회는 같은 해 10월경 당회를 열어 당분간 분열된 총회 중 어느 곳에도 가입하지 않고 관망하기로 결의하였다.

나. 원고들은 피고 교회의 시무장로를 맡아온 사람들인데, 피고 교회가 소속된 위 교단의 헌법에 의하면, 시무장로는 피고 교회의 항존직원이자 전체 교인의 대표자로서, 목사와 함께 치리회의 일원으로서 치리를 하고, 목사를 당회장으로 하는 당회의 일원이 되도록 정해져 있다.

당회는 교인의 입회와 퇴회를 결정하고 장로와 집사를 임직하며 교회의 각 기관을 감독하고 교인을 권계, 제명, 출교시키고 해벌하는 등 권징을 하여 교인의 신앙과 행위를 총괄하는 기관으로서, 피고 교회의 경우 총 17명의 장로와 당회장 목사 1명으로 구성되어 있는바, 위 교단 헌법에 의하면, 당회원 또는 제직회원 3분의 2의 청원이나 세례교인 3분의 1 이상의 청원이 있을 때에는 공동의회에서 목사와 시무장로에 대한 신임투표를 할 수 있다고 규정되어 있다.

다. 한편, 피고 교회에서는 당회장으로서 2001. 12. 15. 정년을 맞이할

예정이던 목사 소외 1과 시무장로인 원고들 사이에 소외 1의 은퇴 문제 및 교회 운영을 둘러싼 알력과 반목이 계속되고 있었는데, 그러던 중 2001. 1. 8. 교회의 위와 같은 사태를 해결하려면 공동의회에서 목사와 장로들의 신임을 물어보는 수밖에 없다고 판단한 14명의 안수집사와 서리집사들이 주축이 되어 생각하여 세례교인 약 1,500명 중 951명의 서명을 받아, 2001. 2. 7. 목사는 6년마다, 장로들은 5년마다 신임투표제도를 마련할 것과 현재의 장로들은 2001년 11월말에 신임을 묻자고 제안하는 내용의 청원서를 당회에 제출하였고, 2001. 7. 2. 피고 교회의 제직회도 세례교인들이 당회에 제출한 목사, 장로의 신임투표제안과 연말까지 장로신임투표를 실시하자는 결의를 받아들여야 한다고 절대 다수의 찬성으로 의결하였다.

라. 이에 따라 피고 교회는 2001. 8. 5. 당회를 개최하여, "7인위원회에서 제언한 바를 받아 연내에 신임을 묻기로 한다. 목사와 장로에 대한 신임투표 건은 당회 차원에서 심도 있는 토의를 통해 당회의 결의로 시행토록 하는 것이 좋을 것으로 생각한다."라는 만장일치의 결의(이하, '2001. 8. 5.자 당회 결의'라 한다)를 한 후, 같은 해 8. 19.자 및 같은 해 9. 16.자 피고 교회의 주보에 위 결의내용을 발표하였다.

마. 이후 피고 교회의 당회원들은 2001. 11. 4. 모여 신임투표의 실시시기를 결정하기 위한 당회(이하, '2001. 11. 4.자 당회'라 한다)를 열었는데, 투표 결과 원고들 9명은 2001. 12. 30.에 실시하자고 주장하였고, 소외 1과 나머지 8명의 장로들은 2001. 11. 25.에 실시하자고 주장하여 결국 두 제안 모두 부결되기에 이르렀다.

이에 당회장 소외 1은 가부동수일 때 자신에게 결정권이 있다면서 신임투표를 2001. 11. 25. 실시한다고 공포하였으나, 원고들이 당회장 목사가 당회의 투표권을 행사하여 가부동수가 된 경우에는 부결 처리하여야 한다면서 담임목사, 당회장 직무집행정지 및 대행자선임가처분 신청을 제기하자, 2001. 11. 25. 공동의회를 열어 실시하기로 한 신임투표를 일단 포기하였다.

바. 원고들의 반대로 목사 및 장로들에 대한 신임투표를 실시하지 못하게 되자, 피고 교회의 제직회는 2001. 12. 9. "피고 교회의 목사, 장로 신임투표

를 위한 공동의회 개최소집건을 당시 당회장 소외 1에게 위임한다."는 결정을 하였고, 소외 1은 당회의 결의 없이 임의로 2001. 12. 23.자 주보에 같은 달 30일 공동의회를 열어 목사 및 시무장로들에 대한 신임투표를 실시한다는 광고를 하였으며, 위 광고에 따라 2001. 12. 30. 피고 교회 본당에서 목사, 장로의 신임투표의 실시를 위한 공동의회(이하, '2001. 12. 30.자 공동의회' 라 한다)가 개최되어 958명의 교인이 투표에 참가하였는데, 원고들은 모두 과반수의 득표를 하지 못함으로써 불신임 당하여 당회의 회원이 될 수 없는, 무임장로가 되었다.

사. 소외 1은 더 이상 피고 교회에서 시무를 할 수 없게 되자, 교회헌법에 따라 위임목사 청빙을 위한 당회를 개최하기로 하고, 2002. 3. 13. 당초 17명이었던 장로들 가운데 2001. 12. 30.자 공동의회 결의에 따라 불신임 당한 원고들 및 같은 무렵 정년이 되어 퇴임한 소외 2를 제외한 나머지 장로들 7인에게 당회 소집 통지를 하였는데, 위 당회에서 대한예수교장로회 개혁측 총회 산하 남부산노회에 소속된 목사 소외 3을 피고 교회의 위임목사로 청빙하기로 하고, 이를 위한 공동의회를 2002. 3. 31. 소집하기로 결의하였다.

아. 소외 1은 2002. 3. 24.자 피고 교회의 주보에 "소외 3 목사를 피고 교회의 위임목사로 청빙하기 위한 공동의회를 2002. 3. 31. 소집하기로 하였다."는 공고를 하고, 위 공고에 따라 2002. 3. 31. 피고 교회 본당에서 목사 청빙을 위한 공동의회(이하, '2002. 3. 31.자 공동의회'라 한다)를 개최하였는데, 위 공동의회에서는 993명의 출석 세례교인 중 3분의 2 이상인 695명이 찬성하여 피고 교회의 새 위임목사로 소외 3을 청빙할 것을 결의하였다.

자. 소외 3은 피고 교회의 위임목사로 시무를 시작한 후인 2003. 2. 9. 원고들을 제외하고 개최된 당회에서는 신임장로 선출을 위한 공동의회를 같은 달 23일 소집하기로 결의하고, 같은 달 16일자 주보에 이를 공고한 다음, 공동의회(이하 '2003. 2. 23.자 공동의회'라 한다)를 개최하였는데, 위 공동의회에서는 소외 4 등 15인을 피고 교회의 장로로 선임하기로 결의하였다.

2. 이 사건 소의 적법 여부에 관한 판단 기록에 의하면, 원고들 및 이들을 따르는 일부 교인들이 때때로 피고 교회에서의 신앙생활과는 별도로 예배 및 헌금을 하고 있기는 하나 이는 교회 내부의 일시적인 갈등상태가 표출된 데 불과하고 그러한 사정만으로 피고 교회가 두 개의 교회로 분열된 상태에 이르렀다고 보기는 어렵다.

따라서 피고의 본안전 항변, 즉 원고들이 피고 교회와 소속 교단을 이탈하여 별개의 집단을 구성하였음을 전제로 이 사건 소가 확인의 이익이 없다는 상고이유의 주장은 받아들일 수 없다.

3. 본안에 관한 판단

가. 원심의 판단

(1) 원심은, 이 사건 소가 피고 교회 내부의 분쟁과 관련된 것이기는 하나 그 분쟁의 내용이 피고 교회 내부의 교리를 확립하고 신앙의 질서를 유지하기 위한 것이라기보다는 결의를 둘러싼 일반 시민단체에 있어서의 분쟁과 다를 바 없으므로 이는 사법심사의 대상이 된다고 할 것이고, 앞서 본 바와 같이 시무장로는 피고 교회의 항존직원으로서 전체 교인의 대표자이고, 목사와 함께 치리회의 일원으로서 치리를 하며, 또한 교인의 입회와 퇴회를 결정하고 장로와 집사를 임직하며 교회의 각 기관을 감독하고 교인을 권징할 수 있는 당회의 일원이 되는바, 위 불신임결의는 원고들의 교회 내에서의 법적 지위에 상당한 영향을 미치는 것이어서 그 결의의 무효의 확인을 구할 법률상 이익이 있다고 보고, 그에 반하는 피고의 본안전 항변, 즉 원고들이 무효확인을 구하고 있는 2001. 12. 30.자 공동의회 결의의 실질은 피고 교회 내부의 교리를 확립하고 신앙상의 질서를 유지하기 위한 교회 내부의 권징재판으로서의 성질을 갖고 있으므로 그 절차에 중대한 하자가 없는 한, 원칙적으로 사법심사의 대상이 되지 아니하고, 또한 그것이 원고들의 사법상 특정한

권리의무에 관계되는 법률관계를 규율하는 것이라고 볼 수 없어 그 확인을 구할 이익도 없으므로, 위 공동의회 결의의 무효 확인을 구하는 원고들의 이 사건 소는 각하되어야 한다는 주장을 배척하였다.

(2) 그런 다음 원심은, ① 대한예수교장로회총회 헌법에 의하면 피고 교회의 공동의회는 당회의 결의에 의하여 당회장이 소집하도록 규정되어 있는 점, 2001. 8. 5.자 당회 결의 당시 신임투표의 정확한 실시시기를 정하지 아니한 것은 신임투표가 경우에 따라서는 피고 교회의 조직 및 운영 등에 큰 영향을 줄 수 있으므로 피고 교회의 관리 및 운영 등에 미치는 부작용을 최소화할 수 있는 시기를 당회가 별도로 결정할 수 있도록 하기 위한 것으로 보이는 점 등을 고려하여 보면, 비록 신임투표의 실시시기가 명확하게 결정되지 아니한 상태에서 원고들이 소외 1 목사 및 나머지 장로들과 공동의회 소집일시에 관한 의견을 달리하는 바람에 연내에 신임투표를 실시하기로 한 2001. 8. 5.자 당회 결의가 제대로 이행될 수 없게 될 우려가 있었다거나, 당시로서는 2001. 12. 30.이 연내에 공동의회 개최가 가능한 마지막 날짜이었다 하더라도 이 사건 공동의회의 결의는 당회의 결의 없이 소집된 하자 있는 결의라 할 것이고, ② 더구나 소외 1은 1931. 12. 15.생으로서 위 공동의회 소집 전인 2001. 12. 15. 이미 피고 교회 목사의 시무연한인 70세에 도달한 점, 피고 교회에 목사를 정년에 도달한 해의 말일까지 시무하도록 하는 관습이 존재한다고 보기도 어려운 점, 소외 1이 후임 당회장이 선임될 때까지 임시로 당회장의 직무를 수행할 수 있다 하여도 그러한 경우 직무범위는 통상 업무로 제한된다 할 것인데 이 사건과 같이 시무장로들에 대한 신임을 묻는 공동의회를 개최하는 것은 당회장의 일상적인 업무행위에 포함된다고 볼 수 없는 점 등에 비추어 보면, 위 2001. 12. 30.자 공동의회는 소집권한 없는 자에 의해 소집된 것이며, ③ 2001. 11. 4.자 당회 당시 원고들은 같은 해 12. 30.에 신임투표를 위한 공동의회를 개최하자고 주장하였다 한들, 이는 신임투표 실시시기를 협의하기 위한 과정에서 개진된 의견에 불과한 점, 원고들의 제안과 같은 해 11. 15. 신임투표를 실시하자는 소외 1 및 다른

장로들의 제안은 쌍방 동수로서 모두 부결 처리된 점, 2001. 8. 5.자 당회 결의시 목사와 장로에 대한 신임투표건은 당회 차원에서 심도있는 토의를 통해 당회의 결의로 시행토록 하는 것이 좋을 것으로 생각한다고 결의하였던 점 등을 종합하여 보면, 원고들이 위 2001. 11. 4.자 당회에서 자신들의 주장한 일자에 열린 공동의회 결의의 효력을 다투었다 하여 이를 신의칙 또는 금반언의 원칙에 위배된다고 볼 수도 없으므로, 위 2001. 12. 30.자 공동의회의 결의는, 정당한 소집 권한이 없는 사람이 당회의 결의 없이 소집한 공동의회에서 이루어진 것으로서 그 소집절차에 중대하고도 명백한 흠이 있어 무효라고 판단하였다.

나. 대법원의 판단

(1) 이 사건은 기본적으로 원고들이 피고 교회에서 누리는 지위, 즉 시무장로직을 둘러싼 분쟁인데, 시무장로가 교회의 항존직원이자 지교회의 치리회인 당회의 구성원인 이상, 그러한 지위를 그 교회의 신앙적 정체성과 무관한 것으로 보기 어려우므로, 그에 관한 분쟁 또한 종교의 교리나 신앙과 무관한 것이라고 볼 수는 없으나, 다른 한편, ① 교회 내부의 지위를 둘러싼 분쟁이 사법권의 한계 밖에 있다고 보거나 소의 이익을 결여하고 있다고 본다면 교회법상 지위의 존부나 그에 관하여 교회 내부에서 이루어진 각종 의결 및 처분의 효력 유무가 구체적 권리의무에 관한 청구의 전제문제로 다투어지는 사안에서조차도 소를 각하할 수밖에 없게 되는데, 이 경우 구체적 권리의무에 관한 분쟁이 해결되지 않은 채로 남게 되고, 그 결과 국민의 재판청구권이 침해될 위험이 큰 점, ② 현실적으로 종교단체 내에서의 지위를 둘러싼 분쟁의 경우 그와 관련하여 효력이 다투어지는 각종 처분이나 회의체의 소집 및 결의 절차 등에는 정의 관념에 비추어 도저히 묵과하기 어려울 만큼 매우 중대한 하자가 있는 수가 적지 아니할 터인데, 그저 종교단체 내부의 지위를 둘러싼 분쟁이라는 이유만으로 본안에 관한 심리조차 거부하는 것이 반드시 타당하다고는 보기 어려운 점, ③ 앞서 본 바와 같이 종교단체 내에서의

지위가 그 종교단체의 정체성과 깊은 관련을 맺고 있는 것은 사실이나 그 지위에 영향을 미치는 처분이나 결의의 이유 자체가 언제나 신앙이나 교리와 직접 연관되어 있는 것은 아닌 점(이 점이 바로 2001. 12. 30.자 공동의회 결의를 통상의 권징재판과 구별하는 대목이니, 양자는 그 대상이 된 사람의 교회 내에서의 지위에 영향을 준다는 점에서는 차이가 없으나, 통상의 권징재판이 그러한 처분의 '원인' 내지 '이유'를 신앙·교리에서 찾고 있다면 공동의회에서 이루어진, 시무장로에 대한 신임투표는 반대로 그 '효과' 면에서 피고 교회의 신앙적 정체성에 영향을 미치는 것이다.), ④ 특히 교회 내부의 분쟁에 관한 사법적 관여의 자제는 종교단체의 자율적 운영의 보장이라는 헌법적 고려를 바탕에 깔고 있는데, 이 사건의 경우처럼 교회 내부의 반목이 극심한데다가 교단 분열로 인하여 소속 교단부터가 불분명한 경우, 처분이나 결의의 교회법적 정당성을 재단할 적법한 권한을 가진 노회 기타 상급 치리회를 확정할 수 없어 교회 내에서의 자율적 문제 해결이 사실상 불가능한 점 등에 비추어 보면, 교인으로서 비위가 있는 자에게 종교적인 방법으로 징계·제재하는 종교단체 내부의 규제(권징재판)가 아닌 한 종교단체 내에서 개인이 누리는 지위에 영향을 미치는 단체법상의 행위라 하여 반드시 사법심사의 대상에서 제외하거나 소의 이익을 부정할 것은 아니다.

따라서 이와 같은 취지에서 피고의 본안전 항변을 물리친 원심의 조치는 옳다.

(2) 그러나 다른 한편, 우리 헌법이 종교의 자유를 보장하고 종교와 국가기능을 엄격히 분리하고 있는 점에 비추어 종교단체의 조직과 운영은 그 자율성이 최대한 보장되어야 할 것이므로, 교회 안에서 개인이 누리는 지위에 영향을 미칠 각종 결의나 처분이 당연 무효라고 판단하려면, 그저 일반적인 종교단체 아닌 일반단체의 결의나 처분을 무효로 돌릴 정도의 절차상 하자가 있는 것으로는 부족하고, 그러한 하자가 매우 중대하여 이를 그대로 둘 경우 현저히 정의 관념에 반하는 경우라야 할 것이다.

(가) 원심은 2001. 12. 30.자 공동의회를 소집한 소외 1이 그 이전인 같은 달 15일에 만 70세에 달하였고, 피고 교회에 목사를 정년에 도달한 해의 말일까지 시무하도록 하는 관습이 존재한다고 보기도 어려운 이상 소외 1은 이미 정년에 도달하여 당회장으로서의 권한을 상실하였다고 보았으나, 기록에 의하면, 피고 교회의 당회 구성원 중 역대 시무장로들은 정년을 맞이하는 해 말까지 시무하여 온 사실(심지어 원고 측 제1심 증인인 소외 5도 자신이 70세 생일을 맞이한 후에는 '스스로 시무를 안 했다.'고만 증언하고 있을 뿐, 생일이 지난 후에는 시무권이 없다는 주장은 하지 않고 있다.), 피고 교회 설립 이후 정년을 맞이하여 퇴임하게 된 당회장은 소외 1이 처음이었던 사실, 원고들과 소외 1 및 피고 교회 간의 당회장직무집행정지가처분 사건(전주지방법원 2001카합625)에서의 원고들 스스로 소외 1의 임기만료일을 2001. 12. 30.로 주장한 사실, 대한예수교장로회 증경총회장과 노회장을 자처하는 전주 지역 목사 8명이 사실상 원고들을 지지하는 내용으로 작성한 탄원서에도 소외 1의 법적 정년이 2001. 12. 31.이라고 기재되어 있는 사실 등을 알 수 있고, 거기에 다 같이 당회의 구성원인 목사와 시무장로의 정년을 달리 볼 이유가 없는 점이나 실제로 위임목사나 시무장로들이 일정한 연령을 맞이하는 해의 말까지 시무하도록 하는 교회를 흔히 볼 수 있는 점 등까지 보태어 보면, 원심의 판단과는 달리 피고 교회에 당회의 구성원들을 각 그 정년으로 정하여진 연령에 도달한 해가 끝날 때까지 시무토록 하는 관습이 있다고 볼 수 있다.

(나) 2001. 12. 30.자 공동의회가 공동의회 소집에 필요한 당회의 결의 없이 개최된 것은 사실이나, 2001. 8. 5.자 당회에서 그 해 안으로 위임목사와 시무장로 전원에 대한 신임투표를 실시하자는 결의가 전원 일치로 이루어진 점, 2001. 8. 5.자 당회 결의에 따라 신임투표의 실시시기를 정하기 위하여 같은 해 11. 4. 열린 당회에서 원고들은 같은 해 12. 30.에 신임투표를 실시할 것을 주장하고 피고측 9명은 같은 해 11. 25.에 실시할 것을 주장함으로써 그 실시시기를 확정하지 못하게 되었던 것인데, 기록에 의하면 같은

해 12. 16.에 같은 안건을 놓고 다시 열린 당회에서는 원고들이 다시 입장을 바꾸어 같은 달 30일에 신임투표를 위한 공동의회를 개최하는 데 반대함으로써 연내에 실시하기로 만장일치의 결의가 이루어진 신임투표를 무산시키려는 의도를 역력히 내비친 사실을 알 수 있는 점, 신임투표를 실시할 수 있는, 사실상 마지막 날이라 할 수 있는 2001. 12. 30.자 공동의회가 소집된 것은 결국, 당초의 2001. 8. 5.자 당회 결의의 주된 취지에 부합되는 점, 목사와 시무장로들에 대한 위의 신임투표는, 원래 소외 1과 원고들의 반목을 보다 못한 집사들이 세례교인 약 1,500명 중 951명의 서명을 받아서 그 실시를 당회에 청원한 것으로서 2001. 7. 2. 열린 제직회에서도 위 제안을 받아들여야 한다고 절대 다수의 찬성으로 의결하였고, 그 결과 개최된 2001. 12. 30.자 공동의회에서는 전체 세례교인의 약 3분의 2에 해당하는 958명의 교인이 투표에 참가하였는데, 개표 결과 원고들 중 가장 많은 표를 얻은 원고 2조차도 297표만을 얻는 데 지나지 않는 등 압도적인 표차로 불신임된 점 등에 비추어 보면, 2001. 12. 30.자 공동의회의 소집절차에 당회의 사전 결의를 거치지 아니한 하자가 있다 한들 그것이 정의 관념상 도저히 묵과할 수 없을 정도의 중대한 하자로서 세례교인 대다수의 참여 하에 매우 큰 표차로 이루어진 위 공동의회 결의의 효력을 좌우할 정도에 이르렀다고 보기는 어렵다.

(다) 이상 본 바에 의하면, 피고 교회의 2001. 12. 30.자 공동의회는 적법한 소집권자인 당회장 소외 1이 소집한 것으로서, 비록 그 소집 전에 거쳐야 할 당회의 결의를 거치지 아니한 하자는 있으나, 그러한 하자가 정의 관념에 비추어 도저히 수긍할 수 없을 정도로 중대하다고 보기 어려우므로, 위 공동의회에서 이루어진 원고들에 대한 불신임결의를 당연 무효로 볼 수 없고, 따라서 2002. 3. 13.자 당회에서의 결의나 그에 따라 이루어진 2002. 3. 31.자 공동의회 결의 또한 원고들에게 위 당회 소집 통지를 하지 아니한 채 개최되었다는 이유만으로 당연히 무효가 되는 것은 아니다.

(라) 2002. 3. 13.자 당회나 2002. 3. 31.자 공동의회를 소집할 당시 소외 1이 이미 당회장으로서 임기가 지난 상태였음은 물론이나, 위임목사는 당회장이자 교회의 대표자인 점, 피고 교회의 경우 소속 교단의 분열로 임시당회장을 파송할 노회를 특정조차 할 수 없었음은 물론 당회원들 간의 분열과 반목으로 대리 당회장을 선정하는 것도 사실상 불가능한 형편이었던 점 등에 비추어 보면, 소외 1은 2002. 1. 1. 이후에도 민법 제691조에 따라 후임 당회장이 정해질 때까지 당회장으로서의 사무를 계속 처리할 수 있다 할 것인데, 은퇴목사가 자신의 후임자를 청빙하기 위한 당회 및 공동의회를 소집하고 주재하는 일은 특히 은퇴목사로 하여금 수행케 함이 부적당한 임무라고 볼 수 없고, 오히려 대한예수교 장로회 헌법에 노회가 파송한 임시당회장은 그 교회에 시무할 목사를 청빙하는 일에 최선을 다해야 한다고 규정되어 있는 점에 비추어, 민법 제691조에 따라 당회장의 직무를 계속 수행하는 은퇴목사의 경우에도 후임 목사의 청빙은 그 직무의 범위에 속한다 하겠다.

(3) 그럼에도, 원심은 2001. 12. 30.자 공동의회 결의 및 2002. 3. 31.자 공동의회 결의가 모두 당연 무효라는 그릇된 전제하에 2003. 2. 23.자 공동의회 결의 또한 당연 무효라고 보았으니, 이러한 원심의 조치에는 채증법칙 위배로 피고 교회 당회장의 정년 등에 관한 사실을 오인하고, 소집절차상의 하자와 공동의회 결의의 효력에 관한 법리를 오해하는 등으로 판결 결과에 영향을 미친 위법이 있다 할 것이다. 피고가 이 점을 지적하여 상고이유로 내세운 주장은 이유 있다.

4. 결 론

따라서 원심판결을 파기하고, 사건을 원심법원에 환송하기로 하여 주문과 같이 판결한다.

대법관 김황식(재판장)   이규홍   박재윤(주심)   김영란

재판국 실무 가이드

초판인쇄　2017년 1월 30일
초판발행　2017년 2월 7일

기획·편찬　김진욱
발 행 인　채형욱
발 행 소　한국장로교출판사
주　　소　03129 / 서울 종로구 대학로 19, 409호(연지동, 한국기독교회관)
전　　화　(02)741-4381 / 팩스 741-7886
영 업 국　(031)944-4340 / 팩스 944-2623
등　　록　No. 1-84(1951. 8. 3.)

ISBN　978-89-398-4164-2
Printed in Korea

값 7,000원

감수 권현서 김재복 변호사

※ 이 출판물은 저작권법에 의해 보호를 받는 저작물이므로 무단전재와 무단복제를 할 수 없습니다.